MITTELFRANKEN
erleben

MITTELF

Impressum:

1. Auflage 2003

Idee und Konzeption: Elmar Hahn, Klaus Schinagl
Fotografie: Herbert Liedel
ausgenommen:
Elmar Hahn (Seite: 23 oben, 29, 30, 31, 42+43, 62/63, 69, 70/71, 72/73, 79, 102/103, 122/123, 126/127, 128/129, 130/131, 140/141); Jürgen Wackenhut (Seite: 82/83, 107 oben, 108, 109, 112, 118/119); Hans Raab (Seite: 92/93, 114/115, 134/135); Michel Vogel (Seite: 32/33, 50, 138/139); Schreyer-Löbl (Seite: 136/137, 139 oben); Waltraud Klammet (2. US, Seite: 51); Thomas Peter Widmann (Seite: 18 unten, 68); Luftbild Bröll (Seite: 90/91, 94/95); Toni Schneiders (Seite: 81 oben und unten); Guido Mehl (Seite: 78); Wolfgang Bouillon (Seite: 89); Klammet und Aberl (Seite: 99); Josef Stöhr (Seite: 110/111); Horst Glanz (Seite: 113); Helmut Gruber (Seite: 116/117); Wolfgang Grötsch (Seite: 132/133); Manuel Berninger (Seite: 142 unten)

Text: Kurt Endres
Gestaltung: Design by Klaus Schinagl, Veitshöchheim
Druckvorstufe: Schinagl produktion + media, Veitshöchheim
Gesamtherstellung: Karo-Druck OHG, Frangart

ISBN 3-928645-27-7

Nachfolgende Seiten: ***Hügelketten der Hersbrucker Schweiz***

RANKEN

erleben

Fotografie: Herbert Liedel
und andere
Text: Kurt Endres
Gestaltung: Klaus Schinagl

elmar
hahn
verlag

Mittelfränkisches Panorama

Ist es möglich, einen Raum wie Mittelfranken vollständig zu erfassen, seine Vielfalt in ein Buch zu zwängen? Wo doch jede noch so gut gemeinte und überlegte Auswahl sofort den Makel des Weglassens in sich trägt?

Die geographische Lage im Schichtstufenland lässt große Unterschiede in Klima und Bodenqualität zu, hat dem wirtschaftenden Menschen die unterschiedlichsten Chancen und Herausforderungen geboten. Schwäbische, fränkische, slawische und bajuwarische Einflüsse trafen in der Region aufeinander und hinterließen ihre Spuren in Dialekten und Bräuchen. Reichsstädte und Markgrafen, Bischöfe und Klöster, lokale Herrschaften stritten sich um Macht und Einfluss.

Eine starke Region für kluge Köpfe war Mittelfranken schon immer, angefangen von den handwerklichen Glanzleistungen der frühen Neuzeit bis zur ständigen Messe für Erfindungen in Nürnberg. Der ehemals überragende Standort für Industrieprodukte ist im Begriff sich im Bereich der Hochtechnologie einen Namen zu machen und findet zusehends seinen Platz im Netzwerk europäischer Städte. Das Neue Fränkische Seenland hat als erfolgreiche Ferienregion alle Erwartungen übertroffen.

Und so scheint es nahezu unmöglich allen Facetten des mittelfränkischen Kaleidoskops gerecht zu werden. Und wenn es nun zwei waschechte Franken wagen – Fotograf Herbert Liedel und Textautor Kurt Endres – sich dem Thema Mittelfranken in Bild und Wort zu nähern, dann keinesfalls um Vollständigkeit anzustreben, sondern im Bemühen, den Nichtfranken einige Besonderheiten näher zu bringen, aber auch den Einheimischen eine neue Sicht auf Bekanntes zu vermitteln.

Im Versuch, eine Mischung aus Information und feuilletonistischer Betrachtung anzubieten, folgen die Autoren einer bereits länger anhaltenden Tradition. Mehrmals bereits waren fränkische Themen Gegenstand von Bildbänden, entstanden aus einem reichen Erfahrungsschatz und aus einer tiefgreifenden Liebe zu ihrer Heimat.

Inhaltsverzeichnis

Mittelfränkisches Panorama

Urbanes Wirtschaftszentrum und ländliche Strukturen

Innerhalb Frankens, seit 1837 durch Bayernkönig Ludwig I. dreigeteilt, ist das „mittlere" das bunteste, grob zusammengewürfelt, verzahnt, durchmischt. Die kompakte Fläche aus 7.246 Quadratkilometern trägt 1,6 Millionen Einwohner. Damit nimmt Mittelfranken nach Oberbayern und Schwaben gemessen an Bevölkerungsdichte die dritte Stelle aller Regierungsbezirke Bayerns ein.

Aber schon die Verteilung der Bevölkerung innerhalb des Bezirks weist gewaltige Unterschiede auf: während die Industrieregion Nürnberg die dichtest besiedelte Region nach München ist (431 Einwohner/km^2), weist Westmittelfranken mit 95 Einwohnern pro Quadratkilometer die geringste Dichte in Bayern auf. Eine ähnliche Kluft tut sich zwischen den beiden Teilen des Bezirks bezüglich der Wirtschaftskraft auf, und auch die Unterschiede in der Infrastrukturausstattung sind erheblich und unterstreichen noch die Rolle Westmittelfrankens als benachteiligte Region.

Landschaftliche Vielfalt

Die kennzeichnende Vielfalt setzt sich fort im aufbauenden Gestein. Im Westen tragen geringe Lössauflagen über dem Muschelkalk äußerst fruchtbare Böden. Es schließt sich das Keuperbergland mit Steigerwald und Frankenhöhe an, reiche Mischwälder auf Sandstein, Tonen und Mergeln, dazwischen eine genügsame Landwirtschaft auf mittleren Böden. Arme, unfruchtbare Sandböden im Nürnberger Becken, werden im Osten durch die Sandsteine und Tone des Schwarzen Jura abgelöst, bis sich schließlich die Mauer aus Eisensandsteinen und Kalken der Fränkischen Alb erhebt. Höchste Erhebung ist der Hesselberg mit 689 m Meereshöhe.

Die kargen und sandigen Böden um Nürnberg tragen in den Lorenzer und Sebalder Reichswäldern ausgedehnte Kiefernbestände, vor etwa 650 Jahren als erster Kunstwald der Welt von der späteren Patrizierfamilie Stromer angelegt. Nicht zuletzt um die Versorgung der Stadt mit dem immens wichtigen Honig zu sichern.

Als Teil des Süddeutschen Schichtstufenlandes hat Mittelfranken eine bewegte Erdgeschichte hinter sich, die zugleich auch Flussgeschichte ist. Ehemals donautributäre Flüsse wurden von Rheinzu-

bringern angefressen und müssen ihre Wasser nun letztendlich an den Rhein abgeben. So geschehen beim Rednitzsystem, bei der Pegnitz, bei der Tauber.

Das Ergebnis: ein charakteristisches Flüssedreieck im Zentrum des Bezirks, gebildet aus Aisch im Nordwesten, Fränkischer Rezat im Südwesten und die Rednitzfurche als Nord-Süd verlaufende Achse im Osten. Nehmen wir noch Pegnitz und Altmühl dazu, so sind gleichzeitig die wesentlichen Verkehrs- und Besiedlungsleitlinien Mittelfrankens genannt.

Mosaik der Geschichte

So abwechslungsreich die Landschaft, so wechselvoll auch die Geschichte Mittelfrankens. Wechselvoll schon allein deshalb, weil Franken, anders als die angrenzenden Regionen nie über ein geschlossenes Stammesfürstentum verfügte. So lösen sich nicht nur im zeitlichen Nacheinander Herrschaften ab, auch gleichzeitig verzahnen, überlagern sich unterschiedliche Besitzansprüche und damit auch politisch-wirtschaftliche Entwicklungen.

Zuvorderst die Reichsstädte mit ihren zum Teil umfangreichen Territorien, daneben die Burg- und Markgrafen, deren Machtstreben sich auf das flache Land konzentrierte. Dann noch die geistlichen Herrscher,

Unten: Das Blatt aus der Schedel'schen Weltchronik zeigt eine Ansicht Nürnbergs im 15. Jahrhundert.

seien es nun die Fürstbischöfe, Hochstifte oder Klöster, bedeutend in Mittelfranken das Zisterzienserkloster Heilsbronn. Der Deutschorden besaß mitten in der Reichsstadt Nürnberg ein eigenes Territorium mit eigenen Wirtschaftsgebäuden und eigener Rechtsprechung, somit auch regelrechten Staatsgrenzen zur Stadt.

In die Reihe der raumbildenden Akteure gehören auch die Ritter und Adeligen, bedeutende Geschlechter, die es geschickt verstanden durch Einheirat und Vererbung Verknüpfungen mit anderen Familien zu schaffen und so eine gewaltige Hausmacht mit entsprechendem Einfluss zu begründen. Ein Eppelein von Gailingen, ein Götz von Berlichingen machten den Reichsstädten schwer zu schaffen.

Anders als diese zum Raubadel herabgesunkenen Ritter machten es die Herren von Seckendorff. Wahrscheinlich einem kleinen Flecken bei Cadolzburg entstammend brachten sie es zu Reichsministerialen, verzweigten sich in Linien, die einen Großteil des Rangaus kontrollierten, den bereits oben angeführten Kernraum Westmittelfrankens. Ihr Wappenschild ist westlich Cadolzburg bis nach Windsheim allgegenwärtig, ihr wohl schönstes Relikt das Doppelschloss, rot und blau in Obernzenn.

Die Region im Umbruch

Nach der Öffnung der Grenzen zu den osteuropäischen Ländern rückt Mittelfranken innerhalb Europas wieder in die zentrale Lage, die Nürnberg im Mittelalter als Knotenpunkt bedeutender Handelswege so stark gemacht hatte. Stadt und Region reagieren auf die neue Herausforderung: Nürnberg erhöht seine Bedeutung als internationaler Messeplatz, High-Tech- und Logistikzentren schießen aus dem Boden. Westmittelfranken ist mittlerweile gut an das Autobahnnetz angeschlossen, überregionale Einkaufszentren und das Neue Seenland fördern eine nachhaltige Entwicklung.

Oben: Das „Hopfenblatten", schon im 18. Jahrhundert eine mühselige Arbeit, die aber immer noch Zeit lässt für ein Schwätzchen.
Rechts: Bärenjagd vor den Toren der Stadt Lauf, Darstellung aus dem 16. Jahrhundert.

Marksteine im Gang der Geschichte

81 - 96	Errichtung des Limes als Holzbefestigung unter Kaiser Domitian, Castellum Biricianis (Weißenburg) gegründet
482 - 511	Franken treten unter Clodwig zum Christentum über
6.-7. Jh.	Die Franken wandern in den Raum zwischen Main und Regnitz ein
793	Fossa Carolina bei Treuchtlingen unter Karl dem Großen (768-814); unter seiner Herrschaft Ostfranken Teil des Karolingerreiches
919	Ostfrankenreich wird als „Reich der Deutschen" bezeichnet
1050	„nuorinberch" in Sigena-Urkunde erwähnt, erste Anfänge Nürnbergs unter dem Salier Heinrich III.
1116-1196	Versuch der Staufer, ein Stammesherzogtum „Rothenburg" zu errichten
1152-1190	unter Friedrich I. Barbarossa Ausbau Nürnbergs zur Kaiserpfalz
1216	Ellingen wird Deutschordensbesitz
1273-1291	Mit Rudolf I. von Habsburg wird der Aufschwung der Städte, insbesondere der Reichsstädte, eingeleitet; auch Rothenburg gewinnt endgültig die Reichsfreiheit
1261-1297	Friedrich III. mehrt als Burggraf von Nürnberg das burggräfliche Territorium
1314-1347	Kaiser Ludwig der Bayer fördert das Aufblühen Nürnbergs
1331	Die Vogtei Ansbach fällt an den Burggrafen von Nürnberg
1348-1352	Judenverfolgung und Pest in Deutschland und Europa

1356	Goldene Bulle (Karl IV.): jeder neugewählte König muss seinen ersten Reichstag in Nürnberg abhalten
1363	Burggrafen Nürnbergs in den Reichsfürstenstand erhoben
1376/77	Heinrich Toppler von Rothenburg befehligt die Truppen der Reichsstädte im Ersten Schwäbischen Städtekrieg
1388	Im Zweiten Schwäb. Städtekrieg besiegt das Fürstenheer das Heer der Städte, deren Macht ist fortan beschränkt
1415-1417	Mark Brandenburg und Kurfürstenwürde an Burggrafen Friedrich VI. von Nürnberg; aus „Burggrafen" werden „Markgrafen"
1424	Überführung der Reichskleinodien nach Nürnberg
1440-1486	Albrecht Achilles, Markgraf von Ansbach, er wird 1470 auch Kurfürst von Brandenburg
1449-1453	Erster Markgrafenkrieg
1471-1528	Albrecht Dürer, Universalgenie aus Nürnberg
1495	Die Fränkische Reichsritterschaft schließt sich zum Fränkischen Ritterkreis zusammen
1503-1505	Landshuter Erbfolgekrieg, Nürnberg erweitert sein Territorium beträchtlich
1524/25	Bauernkrieg und die Niederwerfung der Aufständischen durch Markgraf Kasimir
1525	Nürnberg führt die Reformation ein; die anderen Städte und das Fürstentum Ansbach, unter Markgraf Georg des Frommen, folgen
1541-1557	Albrecht Alkibiades, Markgraf von Kulmbach; Zweiter Markgrafenkrieg
1618-1648	Dreißigjähriger Krieg
1631	Rothenburg wird durch Tilly erobert
1632	Gustav Adolf gegen die Kaiserlichen an der Alten Veste bei Zirndorf
1637-1657	Franken erhält durch die Religionspolitik Kaiser Ferdinand III. Zuzug oberösterreichischer Exulanten
nach 1685	Ansiedlung von Hugenotten in Erlangen und Schwabach, somit Anfänge einer Frühindustrialisierung im Markgrafenland
1743	Gründung der Universität Erlangen unter Markgraf Friedrich von Bayreuth
1769	Fürstentum Bayreuth fällt an Ansbach
1792	Markgraf Alexander verzichtet auf die Herrschaft und das Fürstentum Ansbach-Bayreuth fällt an Preußen
1803	Im Reichsdeputationshauptschluss werden die geistlichen Fürstentümer säkularisiert und die Reichsstädte mediatisiert
1806	Der Fränkische Kreis wird aufgelöst, weite Teile des Gebietes fallen an Bayern. Der Begriff „Franken" verschwindet vorübergehend von der Landkarte
1808	Nach dem Vorbild der französischen Departement-Einteilung wird Bayern zur modernen Verwaltung in Kreise eingeteilt. Das Gebiet des heutigen Mittelfranken sind der Pegnitzkreis (Hauptstadt Nürnberg) und Rezatkreis (Ansbach)

Oben: *Die alte Universität Altdorfs verzeichnete unter ihren Studenten allerlei buntes Volk; zu den Studenten zählte auch der spätere Feldherr Wallenstein.*

1810	Weitgehende Zusammenlegung von Pegnitz- und Rezatkreis, Ansbach wird Hauptstadt des nun größeren Rezatkreises
1835	Erste deutsche Eisenbahn zwischen Nürnberg und Fürth
1836-1846	Bau des Ludwig-Donau-Main-Kanals
1837	Der Rezatkreis wird zu Mittelfranken umbenannt
1852	Gründung des Germanischen Nationalmuseums in Nürnberg
1918	Bayern wird Republik
1927-1938	Nürnberg ist Schauplatz der Reichsparteitage
1945	Am Ende des Zweiten Weltkrieges sind besonders die Städte Nürnberg und Rothenburg Opfer von Bombenangriffen
1992	Der neue Main-Donau-Kanal wird fertig gestellt und auf seiner gesamten Länge in Betrieb genommen
1993	Die Straße der Menschenrechte am Germanischen Nationalmuseum in Nürnberg wird eingeweiht
2000	Nürnberg feiert sein 950-jähriges Bestehen
2001	Erlangen und Herzogenaurach werden 1000 Jahre alt
2000/02	Businesstower und Doku-Zentrum am Dutzendteich werden neue Wahrzeichen Nürnbergs

Nürnberg – von des Reiches Schatzkästlein zur modernen Metropole

Die verkehrsgünstige Lage, Nürnberger Erfindergeist und Handwerkerfleiß machten aus einem unbedeutenden Flecken an der Pegnitz die reichste deutsche Stadt des ausgehenden Mittelalters.

Nürnberg im Wandel der Geschichte

Die Anfänge Nürnbergs reichen in die Herrschaftszeit der Salier zurück. Als Geburtsjahr gilt 1050, dokumentiert durch die so genannte „Sigena-Urkunde“, Freilassung einer Sklavin im Umfeld eines bereits bestehenden Königshofs. Dessen Lage vermutet man heute in der Nähe der Egidienkirche.

Die Kaiserburg – Symbol der Macht

Den Königshof galt es zu sichern. Der „Felsberg“ (urk. „norimberga“) aus Burgsandstein, von Osten her leicht ansteigend und an seinem Sporn an drei Seiten steil abfallend, bot eine hervorragende strategische Lage für die zu errichtende Burg. Ganz im Westen der Burganlage steht noch der überbaute Palas aus staufischer Zeit.

Es folgen nach Osten hin die eigentliche Kaiserburg mit innerem und äußerem Hof, auf letzterem verschiedene Wirtschaftsgebäude, „tiefer Brunnen“ und Sinwellturm. Mit der dreieckigen Freiung – sie bietet den schönsten Blick über die Gesamtstadt – beginnt der Bereich der älteren Königsburg der Burggrafen von Nürnberg. Seit 1192 saßen die Hohenzollern, traditionelle Gegner der späteren Reichsstadt, auf dieser Anlage.

Im späten 14. Jahrhundert durchbrach man die südliche Schildmauer im „Himmelstor“ um die Zollernburg umgehen zu können. Schon 1377 errichtete die Stadt den „Luginsland“, einen Turm, dessen

Name etwas in die Irre führt, da der Sinwellturm für eine Weitsicht wesentlich besser geeignet war. Vielmehr sollte der Turm besser „LugindieBurg" heißen, denn er diente ausschließlich dazu, die Burggrafenburg zu kontrollieren.

Der Heidenturm birgt die berühmte doppelstöckige Burgkapelle. Die darin enthaltene Kaiserempore symbolisiert einen Wesenszug kaiserlich-reichsstädtischer Architektur, wie er in Nürnberg in der Folgezeit immer wieder aufscheint. So bei der Empore der Frauenkirche über dem Hauptmarkt, von dem aus das Nürnberger Christkind alljährlich zu seinem Markte ruft, so auch im Westchor der Sebal-

Vorherige Seiten: *Auf einem Sandsteinfelsen über der Stadt thront das Wahrzeichen Nürnbergs: die Kaiserburg, selbst noch überragt vom Sinwellturm.*
Links: *Märchenhafte Kulisse mit dem Heidenturm im äußeren Burghof.*
Oben: *Eine durchgehende Stadtmauer mit vier runden Türmen schützte im Mittelalter die gesamte Altstadt Nürnbergs. Im Vordergrund der Neutorturm südwestlich der Kaiserburg.*

duskirche, Schauplatz stimmungsvoller Konzerte.

Im Osten der Burganlage überbaute die Stadt den Bezirk mit einem mächtigen Kornhaus, heute als Jugendherberge genutzt. Das Gebäude trägt wesentlich zum Gesamteindruck der Burganlage bei, die in ihrer engen Verbindung mit den wie schutzsuchend an den Felsen gedrängten Bürgerhäusern als Krone der Stadt in Deutschland ihresgleichen sucht.

Die Altstadt im Schutz der Mauern

Die Stadtmauer, früh begonnen und bereits um 1400 vollständig errichtet, bis zum Dreißigjährigen Krieg mehrfach verstärkt, übernahm natürlich schon bald die militärische Schutzfunktion der Burg. Mit etwa fünf Kilometern Länge umschließt sie die Altstadt und verleiht mit ihrer schroffen Sandsteinfassade zusammen mit den Buckelquadern der charakteristischen Rundtürme dem mittelalterlichen

Teil Nürnbergs seine unvergleichliche Sonderstellung.

Eine weitere Besonderheit Nürnberger Architektur sind die Dachschrägen der Häuser im alten Sebalder, dem nördlichen Teil der Altstadt. Leicht geschwungene Schindeln belegen die 53°-Neigung der Dächer, und dieser Besonderheit ordnen sich auch die neueren Gebäude bis zur Pegnitz unter. Östlich der Bergstraße allerdings haben die Bombennächte des Zweiten Weltkriegs nahezu alle mittelalterlichen Gebäude zerstört.

Die dicken Türme markieren die Eckpunkte des Parallelogramms des Mauergrundrisses, sie sind in ihrem Kern ursprünglich viereckig und stellen mit ihrem Mantel das Zugeständnis an eine fortgeschrittene Fortifikationstechnik dar. Sie ähneln dem Sinwellturm, so wie dieser auch als Vorbild für die Schlossanlage in Lichtenau gilt.

Der Grundriss der Altstadt wirkt in seinem nördlichen, älteren Teil sehr winkelig und unübersichtlich, dagegen sind die Straßenzüge des südlichen, des Lorenzer Stadtteils streng west-östlich ausgerichtet. Damit wurde eine wesentlich bessere Durchlüftung der Stadt erreicht. Dennoch werden die früheren Ausbauphasen, insbesondere die Kontur des zweiten Mauerrings noch deutlich entlang der Straßenzüge nachgezeichnet, im Untergrund sogar an Mauerresten nachweisbar.

Am Tiergärtnertorplatz kumuliert in warmen Sommernächten das kulturelle Leben der Altstadt. Verständlich, ist doch hier zu Füßen der Burg, in der Nachbarschaft des Albrecht-Dürer-Hauses, von traditionellen Bierwirtschaften, begehbaren

Links: Blick in das Untergeschoss der Doppelkapelle aus dem 12. Jahrhundert.
Oben: Von seinem Wohnhaus (rechts) hatte bereits Albrecht Dürer eine herrliche Sicht auf die Burg und den Tiergärtnertorplatz.
Nachfolgende Seiten: Die Weißgerbergasse vermittelt einen ungefähren Eindruck von der Nürnberger Altstadt vor der Zerstörung im 2. Weltkrieg.

DUKE

Wehrgängen und dem Mauerdurchlass zum Burggraben das Erlebnis mittelalterlicher Atmosphäre am dichtesten. Hinunter zur Pegnitz überwiegen zunächst die prächtigen, in den untersten Geschossen aus Sandstein errichteten Patrizierhäuser. Im Gegensatz dazu stehen die vorwiegend in Fachwerk ausgeführten Häuser beispielsweise der Weißgerbergasse, die Zeugnis geben von einem typischen Handwerkerquartier.

Leben in der Reichsstadt

Dieser Dualismus zwischen der oligarchischen Herrschaft der Patrizier und ihren Privilegien auf der einen, einem in streng per Rugamt überwachten Zünfte gezwungenen Handwerkerstand auf der anderen Seite, konnte in der Reichsstadt nie aufgelöst werden. Hatten in anderen Reichsstädten Mittelfrankens alle Bürger der

Stadt, wenn auch zögerlich, im 15./16. Jahrhundert ein gewisses Mitspracherecht in den Räten erstritten, so waren derartige Versuche in Nürnberg nicht von Erfolg gekrönt. Selbst ein Albrecht Dürer durfte den von ihm ausgemalten Rathaussaal nicht betreten, wenn die in Listen genannten Familien dort tanzten.

Überhaupt war das tägliche Leben eines reichsstädtischen Bürgers in Nürnberg als

wesentlich mühsamer einzuschätzen als das eines einfachen Menschen unter der Herrschaft der so verachteten Landesherren. Da waren die ständigen Streitigkeiten zwischen dem Rat der Stadt und dem Burggrafen, der erst 1427 nach Abbrennen seiner Burg zu einer Übersiedlung auf die Cadolzburg gezwungen werden konnte.

Und da gab es die Ansprüche der Kaiser, die oft nachdrücklich in die Stadtentwicklung eingriffen. Ein Beispiel dafür liefert der heutige Hauptmarkt, an dessen Stelle bis 1349 eine jüdische Siedlung stand. Mit einem Pogrom, in dessen Verlauf mindes-

Links: Der Tiergärtnertorplatz ist beliebter Treffpunkt der jungen Leute an lauen Sommerabenden.
Oben: Der Tugendbrunnen am Lorenzer Platz ermuntert durch allegorische Darstellung die Bürger zu vorbildlichem Lebenswandel.

tens 562 Personen getötet wurden, wurden die Juden nach Fürth vertrieben, die Stelle der Synagoge nahm die Frauenkirche ein.

Heute sieht sich der Hauptmarkt als Standort für eines der ersten freistehenden Kunstdenkmäler Europas, dem Schönen Brunnen. Der mystische Eisenring verspricht, dreimal gedreht, die Erfüllung so mancher Sehnsüchte. Von hier aus begeistert sich der Besucher am täglich um zwölf Uhr stattfindenden „Männleinlaufen", eine Reminiszenz an die Goldene Bulle von 1356, in der Kaiser Karl IV. festlegte, dass jeder neu gewählte Kaiser seinen ersten Reichstag in Nürnberg abzuhalten habe. Wie die Figuren an der Frauenkirche hätten also die sieben Kurfürsten um den Thron des Kaisers zu schreiten und ihm zu huldigen.

Spitalpflege: frühe soziale Leistungen

Mit dem Wachstum der Städte und deren steigenden Wohlstand ergab sich auch die Pflicht, für die Alten, Armen und Kranken Sorge zu tragen. Bauten aus wohltätigen Stiftungen wurden in die heutige Zeit herübergerettet und bestimmen vielfach die

Silhouette der Stadt. War es in Rothenburg sogar ein selbständiger Stadtteil mit eigener Mauer und Bastion, so sind es in Nürnberg zahlreiche berühmte und für das Stadtbild charakteristische Bauten, die von der Spendefreudigkeit ihrer reichen Bürger zeugen.

Die Sieben Zeilen, bereits vor 1500 für schwäbische Barchentweber unterhalb des Webersplatzes errichtet, gelten als Vorläufer für die spätere Fuggerei in Augsburg. Im letzten Krieg weitgehend zerstört sind sie mittlerweile in ihrer ursprünglichen Form wieder aufgebaut. Ein Fotomotiv erster Klasse ist das Ensemble um den Sondersiechenkobel, später Weinstadel, dann als studentische Mensa fast schon wieder in ihre frühere Funktion eingesetzt. Der Steg, der früher zur Wohnung des Henkers geführt hat, weist heute den Weg zu einladenden Bistros auf der Pegnitzinsel.

Oben: Weinstadel, Wasserturm und Henkersteg formen ein einmaliges Ensemble an der Pegnitz.
Nachfolgende Seiten: Vor der Frauenkirche am Nürnberger Hauptmarkt ragt der mit 40 Skulpturen verzierte und neunzehn Meter hohe Schöne Brunnen aus dem 14. Jahrhundert empor. Die Originale befinden sich heute im Germanischen Nationalmuseum.

Und dann natürlich das Heilig-Geist-Spital mit dem Doppelbogen über einen Pegnitzarm, Stiftung von Konrad Groß aus dem Jahr 1332, durch Stadtbaumeister Hans Behaim d. Ä. 1506 bis 1511 weitgehend erneuert. Eines der Wahrzeichen Nürnbergs und Kulisse für Veranstaltungen des alljährlichen Altstadtfestes.

Jeder Stadtteil hat seinen Heiligen

Die beiden durch die Pegnitz getrennten und auf Geheiß Ludwigs des Bayern per Dekret durch Brücken vereinigten Stadtteile tragen die Bezeichnungen der bekannten Schutzheiligen Nürnbergs. In deren jeweiligen Zentren stehen auch die beiden Hauptkirchen: St. Sebald im nördlichen („urbs"), St. Lorenz im südlichen („civitas").

Dieser Wittelsbacher auf dem Kaiserthron war es auch, der für die Überführung der Reliquien eines gewissen Deocarus aus Herrieden nach Nürnberg sorgte, seines Zeichens immerhin Beichtvater Karls des Großen. Nur der Deocarus-Altar in St. Lorenz zeugt noch von diesem dritten Stadtheiligen; der die Gebeine beherbergende Silberschrein wurde im Anschluss an die Mediation 1806 eingeschmolzen.

In Rothenburg dagegen war die Existenz einer Reliquie vom „Heiligen Blut" in der Jakobskirche Anlass für eine Blühende Wallfahrt, ein nicht zu unterschätzender Wirtschaftsfaktor, und förderte den Vergleich der Reichsstadt mit Jerusalem.

Spitzenleistungen des Handwerks

In den Hauptkirchen Nürnbergs sind auch einige weltberühmte Kunstschätze untergebracht. Sie trugen der Stadt an der Wende vom Mittelalter zur Neuzeit den Ruf ein zugleich Weltzentrum von Erfindergeist und der schönen Künste zu sein. Im frühen 16. Jahrhundert erreicht die Reichsstadt Nürnberg ihren Höhepunkt in der Kreativität ihrer Künstler und der Bereitschaft, Kunstwerke für die Allgemeinheit zu stiften. So liest sich die Liste der Stifter geradezu als das „Who is Who" der bedeutendsten Patrizierfamilien.

Oben: Nur selten kann der Nürnberger Christkindlesmarkt seinen Besuchern diesen verschneiten Anblick bieten.
Rechts: Die rosettengeschmückte Westfassade der Lorenzkirche, einem Meisterwerk der Hochgotik.

Da wäre zunächst das raumbeherrschende Medaillon des „Englischen Grußes“ im Ostchor der Lorenzkirche, geschaffen von Veit Stoß, gestiftet 1518 vom Losunger Anton Tucher. Der Holzschnitzer Veit Stoß hatte allerdings zeitlebens Händel mit der Stadt, gab 1477 sein Bürgerrecht auf, wirkte danach in Krakau, um erst 1496 nach Nürnberg zurückzukehren.

Ebenfalls in der Lorenzkirche steht das Sakramentshäuschen von Adam Kraft, einem Steinmetz, dessen Figuren wie in Stein gegossen wirken. Das hochstrebende Kunstwerk scheint in seiner Leichtigkeit die Schwerkraft überwinden zu können. Geschaffen von 1493 bis 1500 und bezahlt von Hans Imhoff war die Entstehung immer wieder unterbrochen worden. Imhoff selbst erlebte die Fertigstellung nicht mehr, aber der Künstler bekam wenigstens seinen vollständigen Lohn ausbezahlt.

Anders verhielt es sich beim Sebaldusgrab in der gleichnamigen Kirche. Nach einem Entwurf unbekannter Herkunft dreistufig geplant, wurde das Werk 1507 von Peter Vischer in Messing gegossen. Auftraggeber war ein Komitee bestehend aus Anton Tucher, Lazarus Holzschuher, Sebald Schreyer, Peter Imhoff dem Älteren und Sigmund Fürer. Um das rund acht Tonnen schwere Kunstwerk zu bezahlen, steuerten die genannten Patrizier den Löwenanteil bei. Doch für die Erstattung des Restbetrags mussten Kirchenbesucher mit bewegenden Worten ermuntert werden. Mit der Einführung der Reformation ebbt die Flut der Stiftung frommer Bildwerke für Nürnbergs Kirchen ab.

Links: Der Englische Gruß von Veit Stoß unter dem Netzrippengewölbe in der Lorenzkirche.
Unten: Ein Selbstbildnis Adam Krafts unter seinem spätgotischen Sakramentshäuschen in der Lorenzkirche.
Nachfolgende Seiten: Die Sebalduskirche vor der Kaiserburg im Dämmerlicht des hereinbrechenden Abends.

Der hintere Teil des Fembohauses beherbergt den berühmten Hirsvogelsaal, im Rahmen altnürnberger Renaissance-Ausstattungen von Peter Flötner geschaffen (1534) und erst in letzter Zeit hervorragend restauriert. Die Fragmente aus dem, was vor der Zerstörung durch den Zweiten Weltkrieg gerettet wurde, finden nun neben dem Tucherschloss eine neue Heimat.

Verborgene Miniaturen

Die Halbmillionen-Metropole Nürnberg bietet ihren Gästen aber nicht nur ihre einem internationalen Publikum bekannten Sehenswürdigkeiten aus dem Mittelalter. Abseits der Touristenpfade weist die Altstadt verschwiegene Winkel auf, in denen sogar noch dörfliche Strukturen erkennbar werden. Seitengassen nordöstlich der Königsstraße, das Viertel nördlich der Ludwigsstraße, rund um den Jakobsmarkt: Dachhäuser über dem Fachwerk belegen die alten heimischen Handwerke und einfachen Gewerbebetriebe.

Und da wäre noch die Mühlenkultur: in ihrer Blütezeit sollen sich mehr als hundert Mühlen um die Laufkraft der Pegnitz zwischen den Stadtmauern beworben haben. Nur noch die Namen der Straßen und Plätze erinnern an die großartigen Leistungen der frühen Industrie an der natürlichen Schlagader der Nürnberger Altstadt.

Neues Kunstschaffen

Aber wenn auch die Altstadt in ihrer mittelalterlichen Geschlossenheit es glauben macht, die Zeit bleibt auch in Nürnberg nicht stehen. So sind von zeitgenössischen Künstlern von Weltruf Objekte geschaffen worden, welche durchaus internationale Anerkennung erwarben. Insbesondere die Bewältigung der unrühmlichen Vergangenheit im Dritten Reich forderte von der Stadt besondere Anstrengungen. So entstand in unmittelbarer Nachbarschaft des Germanischen Nationalmuseums die säulenbestandene

Links: Dem Stadtheiligen St. Sebald zu Ehren: Das Hochgrab als Reliquiengehäuse von Peter Vischer in der Sebalduskirche.
Unten: Die vor der Zerstörung im 2. Weltkrieg bewahrten Reste des Hirsvogelsaals konnten in einem eigens errichteten Raum nahe des Tucherschlosses rekonstruiert werden.

Straße der Menschenrechte, gestaltet von Dani Karavan, in die Säulen eingraviert die Artikel des Menschenrechts in allen Sprachen.

Internationale Auszeichnungen erhielt die Stadt auch für die Gestaltung des Dokumentationszentrums an Teilen der Kongresshalle. Und ein neues Wahrzeichen hat Nürnberg auch bekommen: Im Osten der Stadt setzt der himmelragende Businesstower einer Versicherung einen städtebaulichen Akzent und grüßt hinüber zur Silhouette der Burg.

Wege zu einem neuen Kulturverständnis

Die Aufarbeitung der Vergangenheit mittels Kunst und Dokumentation ist nur ein Aspekt der Hinwendung zu einem neuen

Kulturverständnis. Alternative Präsentationsformen ziehen in die bekannten Nürnberger Museen ein und verleihen ihnen eine überregionale Inwertsetzung.

Germanisches Nationalmuseum, Fembohaus und Spielzeugmuseum sind die Klassiker der Altstadt. Darüber hinaus können sich die Stadtführungen der Altstadtfreunde der Masse von Interessenten kaum erwehren. Der Besucher wird lediglich behutsam angeleitet, selbst auf Entdeckungsreise zu gehen, aktiv Geschichte zu begreifen.

Dem Beispiel anderer Städte folgend beschwört man die Vergangenheit der Reichsstadt, nutzt die mittelalterliche Kulisse und stellt diese in ein modernes Unterhaltungskonzept. Bardentreffen, Konzerte und Ritterspiele im Burggraben, Trempelmarkt, Radrennen um den Altstadtring, Blaue Nacht, Altstadtfest sind inzwischen feste Bestandteile des Nürnberger Kulturlebens, locken viele Besucher nach Nürnberg und beleben die südliche Lorenzer Altstadt, deren Geschäftsviertel abends weitgehend entvölkert sind.

Angebot für die Region

Nürnberg hat als Messestadt international einen hohen Stellenwert, nicht zuletzt auf Grund der weltgrößten Spielzeugmesse. Fachausstellungen und Besuchermessen wie die Consumenta erweitern das Angebotsspektrum auf dem Messegelände neben dem Silbersee, das ständig mit neuen Hallen ausgebaut wird, notwendig um sich des immer stärker werdenden Drucks ausländischer Konkurrenz zu erwehren.

In diesem Zusammenhang ist auch der Umbau des Personennahverkehrs zu leistungsfähigen Transportsystemen zu sehen. Wenn nämlich im weiteren Bereich des Dutzendteiches „Rock im Park“ zusammen mit einem Heimspiel des Clubs die Massen bewegen, wenn die 200 Meilen von Nürnberg neben der neuen Arena am Stadion die Sportfans aus der ganzen Republik vereinen, kann nur noch ein modernes Leit- und Beförderungssystem den totalen Verkehrskollaps verhindern.

Und so nehmen auch die Städte im Verbund mit Nürnberg Anteil an der Entwicklung, leiden oder profitieren an den „Events“.

Links: 1993 wurde am Germanischen Nationalmuseum die von dem israelitischen Künstler Dani Karavan geschaffene Straße der Menschenrechte eingeweiht.

Schlösser, Schluchten, Schifffahrts-wege

Schwarzach und Alter Kanal sind Kulisse für herrliche Patriziersitze und lassen sich aus den Wanderzielen Erholung suchender Städter überhaupt nicht mehr wegdenken. Zu allen Jahreszeiten bietet die Landschaft um Nürnberg, Fürth und Schwabach ihre speziellen Reize.

Im Schatten der Metropole: Fürth

Wo heute die Stadthalle von Fürth steht vermutet man den ursprünglichen Standort des Königshofs, der als Keimzelle der Stadt gilt. Und dort, nahe der Maxbrücke liegt auch die „Furth", ein mittelalterlicher Übergang des Handelswegs von Frankfurt nach Regensburg über die Rednitz.

Älter als Nürnberg wurde der Ort aus dem Reichsgut von König Heinrich II. herausgelöst und dem neu gegründeten Domstift Bamberg geschenkt. Der nun entstandene bambergische Marktflecken um die Kirche St. Michael unterstand in Zukunft ständig einem Landesherrn und blieb über Jahrhunderte immer im Schatten des aufstrebenden Nürnberg.

Die Dreiherrschaft, bestehend aus Dompropst zu Bamberg, Markgraf von Ansbach und Rat der Reichsstadt Nürnberg war verantwortlich dafür, dass aus dem Marktflecken nie eine mit entsprechenden Rechten ausgestattete Stadt wurde. Zeitweilig bestand in der Stadt eine der größten jüdischen Gemeinden nach Prag in Europa. Der zugehörige Friedhof und das aufwendig ausgestattete Jüdische Museum sind Zeugen dieser Vergangenheit.

Das Viertel um die Michaelskirche trägt immer noch die Züge einer fränkischen Kleinstadt des 17./18. Jahrhunderts. Dort konzentriert sich auch das gesellige Leben in unzähligen Kneipen und Restaurants, perfekt integriert in die kleinbürgerlichen Fachwerkhäuser, welche liebevoll renoviert wiederum dem ganzen Viertel ein romantisches Ambiente verleihen.

Höhepunkt im Veranstaltungskalender Fürths ist die Michaeliskirchweih Mitte Oktober, wenn Kirchweihzug und die bunte Vielfalt der Buden und Fahrgeschäfte Tausende aus der ganzen Umgebung in die Stadt locken. Zwischen Rathaus und Stadttheater drängen sich dann die Menschen, weitgehend blind für die Fassaden der nach dem Dreißigjährigen Krieg entstandenen Häuser.

Das aus dem baulichen Rahmen Fürths herausfallende Rathaus wurde 1850 errichtet und bildet seither das Wahrzeichen der Stadt. Der Turm ist dem Palazzo Vecchio in Florenz nachgebildet und bildet zusammen mit seinen vielen Rundbogenfenstern einen deutlichen Kontrast zu den barocken und klassizistischen Bauten ringsherum.

Unternehmergeist

Eine tolerante Haltung der Markgrafen gegenüber Glaubensflüchtlingen und Minderheiten förderten die frühe Ansiedlung attraktiver Gewerbe. Die Herstellung von Spiegeln und Nadeln, später teilweise freilich nach Herzogenaurach abgewandert, belegen die Standortgunst der Stadt an den alten Handelswegen.

Grundig und Schickedanz sind die Namen, die für das aufstrebende Fürth des 20. Jahrhunderts stehen. Der Mut, aus einfachen Werkstätten oder einem kleinen Kramladen Unternehmen von Weltruf zu schaffen, zeugt von einer erheblichen visionären Kraft. Dazu noch die Spielwarenfirmen internationaler Spitzenklasse, die Freizeitparks und Stadien sponsern und ihnen ihren Namen verleihen.

Schwabach

Da die Natur der Landwirtschaft rund um Schwabach mit den nährstoffarmen Böden enge Grenzen gesetzt hat, war Einfallsreichtum gefragt. Tabakbau hieß die

Vorherige Seiten: Viele Teile der Burg Thann konnten vor dem drohenden Verfall gerettet werden.
Links: Einen Hauch von Florenz, geradezu italienisches Flair bringt das im Neorenaissancestil erbaute Fürther Rathaus in die Stadt.
Unten: Das Fürther Stadttheater besticht regelmäßig durch seinen ambitionierten Spielplan.

Lösung, und die Bauern des Landkreises brachten es zu einer erstaunlichen Meisterschaft in der Zucht des empfindlichen Gewächses. Und die Schwabachtaler versuchen immer noch jede sich auftuende Marktnische mit neuen Produkten zu erobern: Obst in Selbstvermarktung, Geflügelzucht, Heilpflanzen, Blumen, Baumschulen und wieder Tabak.

Für die Stadt Schwabach bedeutete der Zuzug von Glaubensflüchtlingen aus Frankreich, den evangelischen Hugenotten, einen bedeutsamen wirtschaftlichen Aufschwung. Die Kunst des Vergoldens, das Auftragen von Blattgold hatte der Stadt bald den Beinamen „Goldschläger-Stadt“ eingebracht. Aus gutem Grund wurden jüngst zwei Türmchen des Rathauses mit Blattgold überzogen und fügen dem bereits bestehenden Ensemble

Rechts: Seit jüngerer Zeit künden die vergoldeten Dachziegel der Rathauserker am Königsplatz vom vergangenen Ruhm Schwabachs als Goldschläger-Stadt.
Unten: Der Schöne Brunnen am Königsplatz.

aus Platz, Hauptkirche und Rathaus einen weiteren Farbtupfer hinzu.

Markgräfliche Baumeister

Neben wenigen profanen Gebäudetypen sind es vor allem die Kirchen und deren Baustil, welche das Bild der Landschaft, den Charakter der Gemeinden bestimmen. Gerade in den Landkreisen Schwabach und Roth haben die Baumeister der Ansbacher Markgrafen ihre Duftmarken gesetzt: gerade und schnörkellos, die Türme mal gedrungen, mal weithin sichtbar aufragend sind sie Symbole für den evangelischen Glauben. Eine Rarität macht die Markgrafenkirchen des Landkreises zu etwas Besonderem: Altar, Orgelempore und Kanzel sind häufig übereinander angeordnet.

Das Umland mausert sich

Welche Einflussgrößen gab es denn noch um die stolze Reichsstadt? Wer konnte denn noch im Umfeld des Wirtschafts- und Machtriesen existieren? Südlich der Schwarzach begann das Hoheitsgebiet des Amtes Hirschberg bei Beilngries, im Osten gab es den Einflussbereich des oberpfälzischen Neumarkt, der Sebalder Reichswald hatte an seiner Nordgrenze die Markgrafen aus Bayreuth, und im Südwesten hatte der Markgraf aus Ansbach das Sagen. Dazwischen gab es noch Besitztümer des Klosters Heilsbronn und kleinerer Territorialherren.

Und viele von diesen bewiesen weitschauende Tatkraft, sie waren fast schon Visionäre, wenn sie, statt wie Nürnberg innerhalb der statischen Zwänge eines Zunftwesens zu verharren, sich gerade die Vertriebenen und an ihren Herkunftsorten ungeliebten in ihren Herrschaftsbereich einluden.

In Schnaittach waren die Handwerk und Handel treibenden Juden, von Nürnbergs Zunftgesetzen ausgegrenzt, gern gesehene Gäste. Man erkannte durchaus, dass ein Zusammenleben in gegenseitiger Toleranz Vorteile für beide Seiten brachte.

Prunk auf dem Land

Und da waren noch die Prunksucht und der verschwenderische Reichtum des hohen, auch des niederen Adels, beides verlockende Aspekte der Enge eines mittelalterlichen Nürnberg zu entfliehen und höfische Sitten nachzuahmen. Die Leere, verursacht durch das Fehlen eines adeligen Standes auf dem Gebiet der Reichsstadt, konnte ausgefüllt werden durch höfisches Residieren auf dem Lande.

So zogen die reichen Nürnberger Familien in den dünn besiedelten Reichswald. Aus den Wasserschlössern des Adels wurden in der mittelfränkischen Variante die Weiherhäuser, mit ihren Ecktürmchen durchaus Wehrcharakter symbolisierend.

Die mächtigen Steinburgen und Schlösser der Landesfürsten spiegelten sich wider in kleineren und größeren Lustschlösschen, denen der geschickt angelegte Garten nicht fehlen durfte.

Die Herren aus der Stadt

Die Schwarzach, übrigens ein häufiger Flussname in Franken, entspringt dem südlichen Dillbergmassiv nahe Neumarkt,

Links: *Das turmreiche Tucherschloss in Simmelsdorf bei Schnaittach.*
Oben: *Das ehemalige Patrizierschlösschen in Neunhof bei Nürnberg mit Barockgarten.*
Nachfolgende Seiten: *Die wildromantische Schwarzachklamm bei Schwarzenbruck zählt zu den seltenen Sandsteinschluchten in Franken.*

umschlingt den Berg in großem Bogen, erreicht somit aus der Oberpfalz kommend bei Gnadenberg Mittelfranken, begleitet den Ludwigskanal eine Zeit lang und mündet nach dem Besuch einer Reihe kleiner Ortschaften nördlich von Schwabach in die Rednitz.

Eigentlich ein gemütlicher Fluss: außer seltenen Ausritten auf die Felder der Talauen, die man ihm wohl zugestehen muss, lässt er sich kaum größere Schäden zuschulden kommen. Die Anrainer haben aber auch viel gelernt im Umgang mit Fließwasser, lassen ihn pendeln, mäandrieren in einem weiten Talgrund, zwingen ihn nicht in ein Korsett betonummantelter Flussbegradigung.

An seinen Ufern, aber nicht nur dort hat sich die Schickeria des 17. und 18. Jahrhunderts niedergelassen. Die reichen Handelsherren, die Patrizier Nürnbergs hat der Dreißigjährige Krieg und die anschließende Kleinstaaterei um ihre Pfründe aus dem Fernhandel gebracht.

Wir haben den Kanal voll

Man muss schon hier aufgewachsen sein, um den „Steckerlas-Wald" auf dem kargen Sandboden und seine schier endlo-

sen Kiefernbestände zu mögen. Aber da gibt es noch die uralten Rodungsdörfer mit ihren Wirtshäusern, mit einer fränkischen Küche zu Preisen, die ihresgleichen suchen. Feste feiern und feste feiern, das können sie hier, wo Fränkische Gemütlichkeit groß geschrieben wird.

Hinaus aus der Großstadt, ins Grüne: der Alte Kanal erlaubt es dem erholungssuchenden Städter, weitgehend ohne Begleitung durch Lärm und Abgase der Stadt zu entfliehen.

Freilich war das nicht die vorherrschende Motivation der Kanalbauer der Jahre 1836 bis 1846; ihnen stand eher der Sinn nach Gewinn, nach wirtschaftlicher Macht, nach Prestige. Gemäß den Vorbildern aus England und Frankreich sollte der kostengünstige Transport massenhafter Güter auf dem Schifffahrtsweg die sich andeutende wirtschaftliche Hausse beflügeln, dem Königreich Bayern einen besonderen Stellenwert unter den deutschen Nationen verleihen.

Seit Bamberg, schon im Rednitztal aufwärts bis Nürnberg erklimmt der Ludwigskanal Stufe um Stufe, Schleuse um Schleuse den Anstieg zur Fränkischen Alb um dann weiter über Neumarkt, das Sulz- und Ottmaringer Tal die Altmühl, und damit den Lauf der Donau zu erreichen. Gewissermaßen in Tippelschritten, verglichen mit den kraftvollen Sprüngen, mit denen der neue Main-Donau-Kanal, freilich auf anderer Streckenführung, ein Gleiches leistet.

Wanderer und Radfahrer, die sich von den wenigen kurzen Unterbrechungen der Kanaltrasse durch notwendige Regionalstraßen nicht beeindrucken lassen, müssen zunächst durch den Lorenzer Reichswald, eine 650 Jahre alte Kiefern-Monokultur, immerhin der erste Kunstwald der Welt. Im Sommer schattig, im Winter eng und rutschig, begleitet vom fröhlichen Treiben unten auf dem Eis, führen die Treidelwege an Ortschaften vorbei, schier überquellend von gastfreundlichen Wirtshäusern.

Die unfruchtbaren Sandböden über dem Burgsandstein des Keuper im Nürnberger Becken weichen den mit Tonen angereicherten Böden auf den Sandsteinen des Rhät. Östlich von Pfeifferhütte beginnt der wohl landschaftlich schönste Abschnitt des Alten Kanals. Die Kiefernbestände dünnen aus und ein reicher Mischwald begleitet die romantische Wasserstraße, die jetzt, da sie ihrer einstigen Funktion beraubt ist, nur noch Kulisse darstellt für eine äußerst abwechslungsreiche Szenerie.

Oben: Eine Trogbrücke aus Sandstein führt den alten Ludwig-Donau-Main-Kanal über das Schwarzachtal, eine technikgeschichtliche Pioniertat der damaligen Ingenieure.

Pioniere der Tiefbautechnik

Über die Schleusen 35 und 33 erreicht der Ludwigskanal seine Scheitelhaltung auf 417 Metern über dem Meer. Und hier begannen auch die Herausforderungen an die Ingenieure der damaligen Zeit: Rhätschluchten waren zu überqueren (Distellochdamm), Bergflanken waren zu durchbrechen (Dörlbacher Einschnitt), Betriebswasser war bereitzustellen. Und oft genug mussten die Planer die Grenzen ihrer technischen Fähigkeiten erleben, rutschten ganze Hangpartien ab, brachen Brückenfundamente ein, blieb einfach das für die Schleusung benötigte Wasser weg.

Das untere Pegnitztal

Wieder ganz anders die Stadt Lauf, gelegen an der Industriegasse der Pegnitz, einst ein hervorragender Mühlenstandort im Einflussbereich der nahen Großstadt. Nicht nur das Wenzelschloss ist ein Beleg für den hier beginnenden und nach Osten hin immer deutlicher werdenden Einfluss eingewanderter slawischer Elemente. Schon hat ein härterer, kehliger Dialekt die fränkische Zunge etwas zurückgedrängt.

Ihren Charme bezieht die Stadt Lauf aus ihrer Lage am Fluss, ihrer mittelalterlichen Ummauerung und dem Marktplatz mit seinem alten Rathaus. Liebliche Täler im Sandstein des Dogger, das breit aufsedimentierte Tal der Pegnitz, in das der Fluss künstlerisch absichtslos seine Mäander hineingelegt hat, die nahen Hochflächen der Fränkischen und Hersbrucker Schweiz mit ihren Karstformen, den Kletterfelsen und Schauhöhlen, dies alles trägt bei zu einem unverwechselbaren Stück Mittelfranken.

Rechts: Lauf, Ruine der Leonhards-Kirche und das ehemalige Spital.
Unten: Das Wenzelschloss in Lauf an der Pegnitz, erbaut unter Kaiser Karl IV. um 1360, bekannt durch seinen Wappensaal.

Täler zwischen Höhlen und Felsen

Links und rechts der Pegnitz finden Kletterer an bizarren Felsen und Höhenwegen ihr Vergnügen, wenn andere ihre Leidenschaft an die Dunkelheit der Höhlen verlieren. Heilfroh dürfen sie beide sein, wenn sie in die lichtdurchfluteten Täler zurückkehren.

Was ist eine Schweiz?

Darunter stellt man sich Berge vor, tief eingeschnittene Täler, steile Hänge, das Grün der Wälder im Kontrast zum Schneeweiß der Gipfel, eine klein gekammerte Landschaft.

Das haben wir in Franken auch: der burggekrönte Hohenstein und der Hansgörgl, das Kastental der Pegnitz zwischen Hohenstadt und Neuhaus, ebenso tief eingeschnitten das herrliche Tal der Schwarzach, gepflegte Wälder sowieso, Schroffheit und weiße Farbe steuern die Malmkalke auf der Albhochfläche und die Felsen aus Riffkalken an den Talwänden bei, abwechslungsreiche Kleinformen und überraschende Ausblicke auf engem Raum sind Charakteristika der Frankenalb.

Das waren aber nur Beispiele aus der Hersbrucker Schweiz, aus dem Einzugsbereich der Pegnitz. Noch landschaftlich akzentuierter wirkt der nördlich daran anschließende Teil der Fränkischen Alb, die Fränkische Schweiz mit Wiesent-, Püttlach- und Aufseßtal. Aber das gehört in ein anderes Buch!

Verglichen mit ihrem nördlichen Nachbarn besitzt die Hersbrucker Schweiz, von ihrer allgemein niedrigeren Höhenlage abgesehen, einen höheren Anteil an nutzbaren Flächen im Talraum. Nutzbar für Landwirtschaft, Siedlungen, Industrie- und Gewerbeflächen, die sich in der Voralb über die oft breit ausladenden Muldentäler erstrecken. Und: wesentlich weniger Autos und Motorräder, das bedeutet mehr Individualität und erholsame Ruhe!

Im Zentrum der „Schweiz"

Aus zwei Teilen, einem Kloster und dem zugehörigen Ort zusammengewachsen, gehörte Hersbruck einer Vielzahl von Herren bis es 1504 an die Reichsstadt Nürnberg fiel. Vorher hatte sich der Marktflecken unter den Wittelsbachern zur Stadt entwickelt (Kaiser Karl IV., 1360).

Die Nürnberger erbauten ein Schloss, dessen endgültige Gestalt durch den Stadtbaumeister Jakob Wolff dem Jüngeren erst um 1616 festgelegt wurde. Eine Dreiflügelanlage, eine später im Barock sehr beliebte Bauform, wurde durch zwei in den Winkel gestellte Treppentürmchen ergänzt, von denen heute leider nur noch eines erhalten ist.

Total verkalkt

Wenn auch die Hochflächen der kalkbedeckten Alb schon immer durch Wasserarmut gekennzeichnet waren, so haben doch die hier stark ansteigenden Jahresniederschläge (z. T. mehr als 1000 mm) ihre Spuren hinterlassen. Der Wassermangel rührt von der Löslichkeit des Kalks, das ein Sickern durch sich erweiternde Klüfte im Untergrund erlaubt. Alle Formen, die durch die Wasserlöslichkeit von Gestein entstehen, werden zum Sammelbegriff „Karst“ zusammengefasst.

Und so entsteht die Landschaftsvielfalt der Hochflächen: Dolinen als kreis- oder linsenförmige Vertiefungen im Boden, Trockentäler mit Tiefenlinien ohne erkennbaren Wasserfluss, Quellhorizonte an Steilwänden, wo der durchlässige Kalk über einer undurchlässigen Tonschicht liegt. Härtere Kalkeinlagerungen werden durch diese Erosion als Ansammlung von Felsen zurückgelassen, ideale Voraussetzungen für die Anlage von Klettersteigen.

Aber so wie das Sickerwasser den Kalk auflöst, so gibt er ihn auch wieder frei. Die unterirdischen Klüfte werden zu Höhlen erweitert, an deren Decken das kalk-

Vorherige Seiten: Die Burg Hohenstein.
Links: Eine Reise in die erdgeschichtliche Vergangenheit: Die Tropfsteinhöhle Maximiliansgrotte bei Neuhaus an der Pegnitz.
Rechts: Die Mäander der Pegnitz zwischen Hersbruck und Hohenstadt aus der Vogelperspektive.

gesättigte Wasser austritt, der Wasseranteil verdunstet und lässt den Kalkanteil zurück. So entstehen die spektakulären Akkumulationsformen der Albhöhlen: Stalaktiten hängen herab, vom Boden wachsen ihnen Stalagmiten entgegen, beide vereinigen sich zu Tropfsteinsäulen. Entlang der Decke laufende Tropfen lassen zum Teil hauchdünne Kalkvorhänge, Kalkfahnen zurück.

Jedem Höhlenbesucher, der glaubt, ein Stück Tropfstein als Souvenir mitnehmen zu müssen, sollte klar sein, dass für zehn Zentimeter Abbrechen tausend Jahre Wiederaufbau notwendig sind.

Eine der schönsten für die Öffentlichkeit zugänglichen Schauhöhlen ist die Maximiliansgrotte östlich Neuhaus an der Pegnitz. Eigentlich wenige Meter auf Oberpfälzer Territorium gelegen, wird die Grotte zusammen mit dem Ort Krottensee Mittelfranken zugeschlagen, da Verwaltung und Zufahrtswege aus dem Pegnitztal organisiert werden.

Burg Hohenstein

Markanteste Erhebung in unserem Gebiet ist der Hohenstein mit immerhin 628 Metern über mittlerer Meereshöhe (über NN). Auf dem Dolomitfels thront die ehemalige Stauferburg gleichen Namens und bewacht das von Süden ansteigende Tal des Sittenbachs.

Der Palas und die Kapelle über dem Tor stammen noch aus dem 13. Jahrhundert, wenn auch durch Fachwerk etwas leichter wirkend. Und an Stelle eines Bergfrieds steht nun ein kleines Aussichtstürmchen, von dem aus der Blick weit in alle Himmelsrichtungen geht. Zu seinen Füßen liegt mit dem Dorf Hohenstein die höchstgelegene Ortschaft Mittelfrankens.

Links: Dem drohenden Verfall trotzend, von weitem schon unverwechselbar sichtbar, die Burg Hohenstein im Hersbrucker Land. Der Bergsporn ist nicht nur der höchste, er ist auch der kälteste Punkt in der Hersbrucker Schweiz.

Schlingen ohne Ende: die Pegnitz

Die „Pengerza“ (kelt. für „Schlammfluss“, im Nürnberger Dialekt immer noch „Pengerz“) durchbricht von Pegnitz und Michelfeld kommend die Sandsteinmauer des Dogger, des Eisensandstein also und schafft zwischen Neuhaus und Hohenstadt eines der schönsten Täler ganz Frankens. Bahn, Straße und Fluss teilen sich den wenigen Platz, den die widerständigen Gesteine des Jura ihnen gelassen haben.

Mit dem Lauf des Flusses pendelt auch die ganze Talform, die im Bereich von Lungsdorf zusammen mit dem malerischen Ort einen der romantischsten Anblicke Mittelfrankens bietet. Mit den Rifflerfelsen begleiten noch spektakuläre Riffkalke den Talmäander, bevor nach Hohenstadt die Pegnitz dem höheren Willen des Rheineinzugsgebietes folgend hart nach Westen umknickt und in einem weiten Muldental seiner Mündung mit der Rednitz zustrebt.

Jetzt hat der Fluss Zeit zu pendeln: mit seitlicher Erosion, Prallhang und Gleithang zeichnen die Wiesenmäander der Pegnitz zauberhafte Muster in die Talaue. Dennoch ist entlang der Pegnitz, vor allem aber auch in den Unterläufen der Seitentäler genügend Raum für eine bescheidene Landwirtschaft, die in der

Sonderkultur des Hopfens seine besondere Ausprägung erhielt.

Hopfen aus dem „Hersbrucker Gebirg" war ein Markenbegriff, verschwindet aber heute mehr und mehr. Geblieben sind noch die typischen Hopfenhäuser mit ihren Dachsparren und zugehörigen Trockenböden, wie wir sie auch aus Spalt kennen.

Auf der Burg Veldenstein

Als Bamberger Amtssitz, um das Jahr 1480 erbaut, überragt die Burg Veldenstein mit ihrem kennzeichnenden Bergfried die geduckten Häuser des Ortes Neuhaus. Sie bildet mit ihrem doppelten Bering, ihrer nach Norden zungenförmig ausgreifenden Bastion und ihren Rundtürmen ein sehr schönes Beispiel spätmittelalterlicher Wehrarchitektur. Den Zugang schützt eine Zwingermauer aus dem frühen 15. Jahrhundert.

Die Burg bietet als Hotel und Restaurant neben einem kleinen Tierpark auch herrliche Ausblicke. Weit geht der Blick über das Tal auf die bewaldeten Höhen der Oberpfalz und Oberfrankens.

Oben: *Lang hingestreckt auf einem Felssporn beherrscht die Burg Veldenstein das Pegnitztal bei Neuhaus.*

Edle Fische, kraftvoller Wein und Adelsschlösser

Zwischen Steigerwald, Regnitz und nördlicher Frankenhöhe blitzen die Augen der Himmelsweiher und mächtige Burgen beherrschen die weiten Täler.
Ganz Franken labt sich an den gründelnden Spiegelkarpfen.
Der kernige Wein dazu wächst auf steilen Hängen um die Windsheimer Bucht.

Erlangen: der Spagat zwischen Geschichte und Hochtechnologie

In der Großstadt Erlangen, nicht selten mit den Hauptarbeitgebern Siemens und Friedrich-Alexander-Universität identifiziert, spiegelt die Stadtanlage auf dem rechten Regnitzufer, auf der Hochterrasse südlich des Flüsschens Schwabach in ihrem rechteckigen Grundriss die Planmäßigkeit absolutistischer Städtegründer wider. Rechtwinklige Plätze und Straßensysteme, dem täglichen Verkehrschaos durch verkehrsberuhigende Maßnahmen entzogen, bestimmen den Charakter der Innenstadt. Mit der geschickten Anlage von Radwegen und Bevorrechtigungen von Zweirädern hat sich Erlangen bundesweit eine Vorbildfunktion verkehrstechnischer Städteplanung erworben.

Zweimal im Jahr blickt ganz Mittelfranken nach Erlangen. An Pfingsten lockt für zehn Tage die weithin bekannte Bergkirchweih Besucher aus der gesamten Region an die Sandsteinkeller des Ratsbergs. Recht zünftig geht es zu, wenn der Abteilungsleiter bei Siemens oder KWU zusammen mit seinen Leuten, der Universitätsprofessor mit seinen Studenten im Schatten der Bäume in mehr oder weniger kontrollierter Bierseligkeit dieses doch recht eigentümliche Flair genießt.

Gänzlich anders geartet ist das Fest in der wunderschönen Anlage des Schlossgartens rund um den zentralen Brunnen. Die Rokokofassade der Orangerie bildet den Rahmen für die Darbietungen eines Orchesters, es ist Schaulaufen angesagt für die Offiziellen und Honoratioren der Stadt und des Bezirks.

Erlangen ist eine aus Tradition weltoffene Stadt, mit ihrer Geigen- und Musikantenbauer-Siedlung in Bubenreuth, mit ihrer Universität, einer Gründung der Markgrafen zu Bayreuth, dem Hause Siemens, das mit seiner Medizintechnik die Weltspitze anführt.

Vorherige Seiten: In den unzähligen Teichen, die den Aischgrund nahe Höchstadt mit einem Mosaik überziehen, werden die geschätzten fränkischen Karpfen gezüchtet.
Rechts: Blühendes Barock im Erlanger Schlossgarten: der Hugenottenbrunnen vor der Orangerie.

Kulinarische Wappenkunde

Was gehört auf ein mittelfränkisches Wappen? Schwarz-weiß kariert für Ansbach-Brandenburg, ein (wenigstens halber) Reichsadler für die Reichsstädte, weiß-rot für Franken. Für den Historiker alles klar.

Der fränkische Gourmand wird zum Gourmet, wenn er sein typisches Wappen zeichnen soll: „Drei in an Weckla mit Sempf", ein „Schäufele mit Kniedla" sollte es auch noch sein, aber das dritte, unverzichtbare Element ist der Karpfen, natürlich gebacken, denn „blau" wäre schon wieder zu bayerisch.

Zwischen Steigerwald und Frankenhöhe bahnt sich die Aisch ihren Weg zur Regnitz. Der geologische Aufbau dieses Keuperberglandes zeichnet sich durch eine Vielzahl unterschiedlich wasserdurchlässiger Schichten aus. Nordöstlich von Neustadt weitet sich das Tal und gibt Raum

für Verkehrswege und eine bescheidene Landwirtschaft.

Aischgründer Karpfen

Die Fischzucht ist im Süddeutschen Raum vor allem im Einflussbereich von Klöstern oder auch Bischofssitzen anzutreffen. Neben den Gebieten der Oberpfalz bieten die oberhalb des eigentlichen Aischgrunds liegenden lehmigen Keuperplatten ideale Bedingungen für die Aufzucht von Karpfen, dieser früheren Fastenspeise.

Die natürliche Abdichtung des Untergrunds verhindert das Versickern des Regenwassers, und das ist auch notwendig, denn die Becken sind „Himmelsteiche“, werden ausschließlich durch Regen-, Schmelz- und Grundwasser gespeist, bilden also nur in wenigen Fällen eine von einem Fließgewässer gespeiste Weihertreppe. Durch ihre geringe Tiefe sind die Teiche leicht zu erwärmen, wozu die Lage des Gebietes am Rande des Nürnberger Beckens und der deswegen höheren Sonnenscheindauer beiträgt.

Doch die Karpfenzüchter sehen sich in ihrer Existenz bedroht; sie klagen über Mangel an Wasser und über die drohende Konkurrenz aus dem osteuropäischen Ausland.

Dazu kommen noch die räuberischen Gelüste ungebetener Gäste, den Kormoranen und Fischreihern. Nicht nur der Aischgrund zählt zu ihren bevorzugten Fanggebieten, sie folgen auch dem glitzernden Band des neuen Kanals, bis sie auf neue Wasserflächen stoßen, um sich dort an den Fischen gütlich zu tun. In ihrer Vielzahl sind die Vögel bereits zu einer erheblichen Existenzbedrohung der Züchter geworden.

Rechts: *An der Regnitz bei Baiersdorf hat die uralte Technik der Schöpfräder zur Bewässerung des Wiesengrunds Tradition.*
Nachfolgende Seiten: *Sonnenaufgang im Naturschutzgebiet Mohrhof im Aischgrund.*

Aber immer noch laden die fränkischen Gasthäuser zu dieser fränkischen Spezialität ein, ein Hochgenuss in Monaten mit „R", denn der Rhythmus von nachhaltiger Aufzucht und Wachstum in den Sommermonaten verlangt diese Pause. Und dieser Wirtshausbesuch könnte auch am Ende einer Wanderung durch die großartige Weiherlandschaft sein, beispielsweise rund um Mohrhof bei Höchstadt.

Schloss Schwarzenberg

Einen umfassenden Eindruck von der großartigen Anlage des Schlosses Schwarzenberg bei Scheinfeld erhält man eigentlich nur als Flieger oder Ballonfahrer. Obwohl auf einem Bergsporn gelegen, entzieht der umgebende mächtige Wald die Anlage dem Blick des Besuchers.

An einer Abrisskante der Steigerwaldstufe gelegen bildet die Einheit aus Schloss, umgebender, mit massiven Rundtürmen und Wehrgang gesicherter Mauer, sowie den im Osten angrenzenden Wirtschaftsgebäuden eine mächtige Dominante über dem Tal eines der zahlreichen Nebenflüsse der Aisch.

Links und oben: In altem Familienbesitz verblieb das Schloss des Fürstengeschlechts Schwarzenberg bei Scheinfeld.

Ab 1610 im Stile der Renaissance, mit gelben Ornamenten abgesetzt, haben die katholischen Schwarzenberger Grafen die Schlosskapelle zu den Heiligen Drei Königen gebaut, nach Süden gerichtet, ein Affront gegen die protestantischen Markgrafen von Brandenburg. Daneben steht der Hungerturm, der nach einer Gesamtrenovierung seine ursprüngliche rote Farbe wieder erhalten hat. Er dürfte ebenso wie der mächtige, viereckige Schwarze Turm zumindest teilweise Rest einer mittelalterlichen Burganlage gewesen sein.

Der Südwestflügel mit seinen vier Giebeln wurde von den Nürnberger Stadtbaumeistern Jakob Wolff, Vater und Sohn, nach den Plänen des berühmten Augsburger Architekten Elias Holl errichtet und 1616 als Renaissancebau vollendet.

Kurstadt Bad Windsheim

Die ehemals Freie Reichsstadt Windsheim war und ist das Zentrum der gleichnamigen Bucht und konkurriert mit dem nahen Neustadt um die Vorherrschaft im Aischgrund. Der Grundriss der Stadt, fast kreisrund nördlich des Flüsschens, verrät die frühere Existenz einer vollständigen Ummauerung.

Als Spielball der Mächtigen konnte sich die Stadt im Laufe der Jahrhunderte immer wieder von den Schicksalsschlägen erholen: zur Reichsstadt (1234) erhoben, vom Kaiser verpfändet, von den eigenen Bürgern wieder freigekauft, in ihrer Blütezeit im 16. und 17. Jahrhundert von den Wirren der Bauernaufstände und des Dreißigjährigen Krieges schwer gezeichnet, barocker Wiederaufbau nach Krieg und Pest, Stadtbrand und erneuter Wiederaufbau um 1730.

Lebendige Geschichte

Das Filetstück der Stadt ist allerdings das Freilandmuseum, wohl eines der schönsten Deutschlands. Hier sind Bauernhäuser aus ganz Franken versammelt, an ihren ursprünglichen Standorten dem Verfall oder Abriss preisgegeben, ihre Bausteine sorgfältig nummeriert und wie ein Puzzle wieder zusammengesetzt. Auf dem weitgespannten Gelände an der umgeleiteten Aisch sind die Bauern- und Handwerkerhäuser, historische Mühlen, Gaststätten und Schäferkaten nach Herkunft oder Entstehungszeit in Baugruppen geordnet.

Besonders attraktiv wird das Museum, wenn in den alten Handwerkskünsten ausgebildete Mitarbeiter die einzelnen Gehöfte zum Leben erwecken. Dann wird gedroschen, gewebt, Saft gepresst, Bier

Links: Typisches Bauernhaus mit Schmiede, das an seinem ursprünglichen Standort Stein für Stein abgetragen und hier im Freilandmuseum Bad Windsheim wieder aufgebaut wurde.

gebraut, gebacken, mit Ochsen- und Pferdegespannen gepflügt, alles in Originalgewändern, ein Fest für alle Sinne.

Mittelfrankens sonniger Weinwinkel

Der Mittelfranke mag was er kennt, er ist skeptisch gegenüber Trinkgewohnheiten anderer. Das Getränk des Mittel- und Oberfranken ist nun mal Bier, und sollen auch die Reben an seinen lehmigen, gelegentlich kalkigen Südwesthängen einen noch so schmackhaften und bekömmlichen Wein liefern. Er tut sich schwer damit, wie auch mit dem Dialekt der angrenzenden Unterfranken, wo sie die „Endsilb verschluck…"

Scharf begrenzen die Steilhänge der Frankenhöhe die Ostflanke der Windsheimer Bucht, mühselig kämpfen sich die Lastwagen die Mailheimer Steige hinauf um ihre Mineralwasserfracht in das nahe Nürnberg zu bringen. Wie der Bug eines Schiffes schiebt sich der Bergsporn mit der Burg Hoheneck gegen den Aischgrund.

Burg Hoheneck

Das Mittelalter hielt für die Burg wechselvolle Besitzverhältnisse bereit: in einem Landstrich, der stets umkämpft, geplün-

dert und verhätschelt wurde. Ferngesteuert durch die Markgrafen von Ansbach, dem Fürstbischof von Würzburg, dem Burggrafen von Nürnberg und klösterlichen Einflüssen durchlebte der Aischgrund, und insbesondere der Windsheimer Raum, alle Höhen und Tiefen mittelalterlicher Segnungen und Schrecken.

Eingefangener Sonnenschein

Nach der großen Rebflurbereinigung, als der Berg teilweise abgetragen und geglättet wurde, kann man den ganzjährig geöffneten Weinberg auf sauberen und asphaltierten Wegen durchwandern. Besonders im beginnenden Herbst sorgt die klare Luft für herrliche Ausblicke auf den Markt Ipsheim, den Aischgrund bis hin zum weithin sichtbaren Rathaus in der mittelalterlichen Silhouette Bad Windsheims.

Typische Frankengewächse wie Silvaner und Müller-Thurgau, aber auch Riesling, Bacchus und Kerner wachsen auf dem tonhaltigen Untergrund. Und wer beim Betrachten der üppigen Reben Durst bekommt, kann sich bei den gastfreundlichen Weinbauern und Gastwirten der Umgebung inzwischen auch mit Zwiebelkuchen und Rotweinen wie Blauburgunder, Domina und Dornfelder eindecken. Längst kein Geheimtipp mehr sind die kleinen Einkehrmöglichkeiten im Weinberg selbst, an denen die Ipsheimer Weinbauern die Gäste an Wochenenden bewirten dürfen.

Links: Zwei Fachwerkhäuser im Freilandmuseum: Köbler- und Häckerhaus.
Oben: Eine historische Weinpresse.
Nachfolgende Seiten: Auch Mittelfrankens Weinbaugebiet kann sich sehen lassen: Beste Hanglage bei Schloss Hoheneck nahe Ipsheim.

Festliche Residenzstadt und hügeliges Burgenland

Nach einst markgräflicher Herrschaft besinnt sich das Land um die Bezirkshauptstadt auf seine Schönheit und präsentiert stolz und selbstbewusst seine Adelssitze und Rokokoschlösser.

Onolzbach oder Onoldsbach?

„Oh Onolzbach, oh Onolzbach, vorne O und hinten ach". Die Ansbacher hatten es nie leicht mit dem Spott der Reichsstädte umzugehen. Wenn ihre Markgrafen auch die Kontrolle über den Rangau mit anderen Herrschaften teilen mussten, so haben sie es immerhin geschafft, die schmucke Kleinstadt zur „Rokoko-Stadt" Frankens auszubauen.

Die heutige Bezirkshauptstadt Ansbach verdankt ihre Entstehung einem gewissen Gumbert, der an der Mündung des Onolzbaches in die Fränkische Rezat ein Kloster gründete. Dieses bestand wohl seit dem 8. Jahrhundert, später ersetzt durch die mächtige, seltsam dreitürmige Gumbertuskirche.

Der Begriff Onolzbach für Ansbach hielt sich hartnäckig in der Amtssprache bis in das 18. Jahrhundert. Dann aber war die Stadt bereits, und das seit 1456, Haupt- und Residenzstadt des Fürstentums Brandenburg-Onolzbach. Um 1331 hatten nämlich die Hohenzollern die Stadt erworben, gerade als deren Bürger von der Reichsunmittelbarkeit träumten, ganz so wie es die Städte ringsum geschafft hatten.

Vorherige Seiten: Der Beringershof, Ansbachs schönster Innenhof, gleich hinter der Gumbertuskirche, mit seinem Treppenturm aus dem 16. Jahrhundert, dessen Fenster dem Lauf der Wendeltreppe folgen.
Links: Der Wochenmarkt mit seiner einzigartigen Kulisse zwischen Schloss und Gumbertuskirche.
Unten: „Anscavallo", die moderne Plastik des Bildhauers Jürgen Goertz am Schlossplatz bot reichlich Gesprächsstoff unter der Ansbacher Bevölkerung.

Die alte Stadt

Im Stadtbild machen sich eine ganze Reihe von unterschiedlichen Baustilen breit. Während in den mittelalterlichen Zentren anderer fränkischer Städte das Fachwerk als dominierendes Element zu Tage tritt, beherrschen in Ansbach Stuckfassaden vielfach das Stadtbild. Schöne Beispiele dafür sind die Palaisbauten und Beamtenhäuser an der Promenade und in der Karlsvorstadt.

Der eher bürgerliche Teil der Stadt findet sich im Südwesten der vormals ummauerten Stadt und bezieht ihren Reiz aus den Bauten des 15. und 16. Jahrhunderts, in

Links: Glanzstück des Ansbacher Rokoko: Das Spiegelkabinett im Schloss. Die einander gegenüberliegenden Spiegel erzeugen die Illusion schier endloser Räume.
Unten: Ansbachs Namen in die Welt getragen haben vor allem seine keramischen Erzeugnisse, besonders diejenigen aus der Fayence- und Porzellanmanufaktur. Hier Venus und Merkur, präsentiert im Museum von Ansbach.
Oben: Meißener Porzellanuhr im Ansbacher Markgrafenschloss.

der späteren Barockzeit mit neuen Fassaden versehen. Überragt wird dieser Teil der Stadt von der Pfarrkirche St. Johannis aus dem 15. Jahrhundert, erkennbar an den ungleich hohen Türmen.

Markgrafenresidenz

Das Schloss in seiner heutigen Ausformung stammt aus dem 18. Jahrhundert, und trägt möglicherweise entscheidend dazu bei, dass Ansbach das Attribut „Rokoko-Stadt Frankens“ verliehen wurde. Mit beteiligt an der Gestaltung war der in Franken weithin bekannte Baumeister Gabriel de Gabrieli, ein genialer Architekt, der schon in Eichstätt für die perfekt proportionierten Fassaden gesorgt hatte. Dass die Bürger Windsheims ihren Ehrgeiz dareinsetzen würden, die Mächtigkeit des Ansbacher Schlosses in ihrem Rathaus noch zu übertreffen, konnte er wohl gelassen hinnehmen.

Neben einigen noch bestehenden Prunkräumen für Feiern und repräsentative Zwecke sind vor allem die rund

500 Räume des Schlosses für die Regierung von Mittelfranken und deren Verwaltungsapparat vorgesehen. Rund um diese Schaltstellen ist eine moderne, funktionsgerechte Infrastruktur entstanden, ohne den Charakter Ansbachs als eine der schönsten Hohenzollernstädte Süddeutschlands nachhaltig zu verändern.

Die Internetseiten der Stadt empfehlen eine Führung durch die 27 Prunkräume des Schlosses. Als besondere Attraktion gelten der doppelgeschossige Festsaal, das Spiegelkabinett sowie der Kachelsaal, den rund 2800 Fliesen aus der ehemals hofeigenen Ansbacher Manufaktur schmücken.

Weit über die eigene Produktion hinaus reicht die Palette der Objekte, die in der Bayerischen Staatssammlung „Ansbacher Fayencen und Porzellan" des Erdgeschosses untergebracht sind.

Die höfische Zeit wird lebendig

Die Pracht der Schlosskulisse bildet den Rahmen, vor dem Jahr für Jahr Anfang Juli die weithin bekannten Rokokofestspiele stattfinden. Der Glanz des 17. und 18. Jahrhunderts lebt wieder auf, wenn Bürger und Bürgerinnen der Stadt in Originalkostümen höfisches Treiben inszenieren.

Gezierte Tanzschritte, Rokoko-Musik, große Garderobe, der Duft nach Parfüm und

Oben: *Das „Fest am Hofe des Markgrafen" vor der Orangerie im Hofgarten ist einer der Höhepunkte bei den alljährlichen Rokokofestspielen.*
Rechts: *Flugvorführung der markgräflichen Jagdfalken während der Festspiele.*

Puder: die Galanterie des markgräflich-brandenburgischen Adels wird in den Sälen und vor der Orangerie des Hofgartens perfekt nachgezeichnet. Eine ganze Stadt feiert stolz ihr großes geschichtliches Erbe.

Kaspar Hauser in Ansbach

Teil dieses geschichtlichen Erbes ist auch die tragische Geschichte des Kaspar Hauser, an die eine Skulpturengruppe in der Altstadt erinnert.

Im Jahre 1828 am Unschlittplatz in Nürnberg aufgegriffen, erzählte er eine abenteuerliche Geschichte: er sei über Jahre in einem fensterlosen Verlies eingesperrt gewesen und könne über seine Herkunft keinerlei Angaben machen.

Vollends zum Kriminalfall eskalierte die Situation als Hauser fünf Jahre später im Ansbacher Schlossgarten erstochen wurde. Seither nehmen die Gerüchte und Spekulationen um das Findelkind kein Ende. Ist er denn nun tatsächlich ein erbberechtigter, aber unehelicher und deswegen unerwünschter Nachkomme innerhalb des badischen Fürstenhauses gewesen? Die Untersuchungen erstrecken sich auf Blutflecke in Unterhosen, verfallene Kellergewölbe in der Schlossruine zu Pilsach bei Neumarkt, neuerdings auf ein Geheimverlies in Schloss Beuggen am Rhein, auf DNA-Analysen von sichergestellten Haaren. Noch so hohe Wahrscheinlichkeiten lassen weder im einen noch im anderen Fall endgültige Aussagen zu.

Und etwas Besseres konnte den Marketing-Strategen im Ansbacher Tourismusbüro auch gar nicht passieren. Schließlich bleibt so der Name der Stadt im Gespräch und bildet den Anlass zur Abhaltung zahlreicher Seminare und Gedenkfeiern, und außerdem schadet der hübschen, aber etwas verschlafenen Beamtenstadt ein Schuss Verruchtheit keineswegs.

Rechts: Straßencafé am Stadteingang vor dem Herrieder Tor.
Unten: Beim Haus zur Löwengrube von 1566 nimmt das reich geschnitzte Fachwerk Elemente der steinernen Architektur auf.

FOTO-HELZEL
BERNING
SCHNEIDER WEISSE

Lohnende Ausflugsziele

Nicht alle Sehenswürdigkeiten rund um ihre Residenzstadt dürfen sich die Ansbacher Markgrafen zugute halten.

Ausgerechnet wenige Kilometer flussabwärts die Rezat entlang, mussten die Markgrafen mit einer Exklave ihres erbittertsten Feindes leben, der Reichsstadt Nürnberg. Und tatsächlich: wer den Aufbau der Nürnberger Altstadt mitsamt ihrer Mauerwerke kennt, glaubt sich in eine Miniaturstadt, einen Ableger der Reichsstadt versetzt. Lichtenau heißt der Pfahl im Fleisch des Markgrafenlandes.

Diese Trutzfeste der Nürnberger gegen ihre eigenen ehemaligen Burggrafen besteht aus einem fünfzackigen Stern, ist eine der besterhaltenen Festungsanlagen der Renaissance in Deutschland.

Über der jungen Altmühl

Die Bundesstraße von Ansbach nach Rothenburg schlüpft über die Wasserscheide hinüber in das dort weit ausufernde obere Altmühltal. Überragt wird die Landschaft von der Burg Colmberg oberhalb des gleichnamigen Ortes. Schwere, mit Zangenlöchern versehene Blasensandsteinquader weisen das Ensemble als Reichsburg aus.

Das unglücklich wirtschaftende Grafengeschlecht der Truhendinger wurde abgelöst durch die Burggrafen von Nürnberg, aus deren Reihen Friedrich VI. als Burgherr dem König Sigismund in Ungarn treue Dienste leistete und anschließend mit der Mark Brandenburg belehnt wurde. So ist

Oben: *Burg Cadolzburg war einst Hauptsitz der Nürnberger Burggrafen.*
Unten: *Burg Colmberg – in mittelalterlichen Mauern können sich heute Hotelgäste als Burgherrn fühlen, wie einst die Hohenzollern.*

mit dieser Burg tatsächlich ein bedeutendes Stück Weltgeschichte verbunden.

Der Ring um die Kernburg trägt noch Teile des alten Wehrgangs, der romanische Palas im Süden enthält im Erdgeschoss eine große Pfeilerhalle, überragt werden beide durch den aus Buckelquadern gefügten, runden Bergfried. Gegenwärtig wird die Burg erfolgreich als Hotel geführt, eine perfekte Kulisse für romantische Familienfeiern und stilvolle Tagungen.

Die Hohenzollernburg

Zusammen mit der Burg Abenberg ging die Cadolzburg um 1200 an die Burggrafen von Nürnberg und sollte für die folgenden Jahrhunderte die wichtigste Heimstätte für diesen Zweig der fränkischen Hohenzollern werden. Zwar hielten sie noch bis ins frühe 15. Jahrhundert an der Burggrafenburg in Nürnberg fest, doch dann zogen die Hohenzollern in das weitaus bequemere und nicht so bedrohte Cadolzburg.

Nach Westen schroff aufragend hat die Burg einen sehr hübschen Zugang vom ältesten Teil des Marktes Cadolzburg. Zwar fehlt hier ein ausgesprochener Bergfried, doch ansonsten weist die Burg eine Fülle von baulichen Parallelen mit Abenberg auf und kann als besonders gut erhaltene Dynastenburg gelten.

Im Zweiten Weltkrieg brannte die Burg nach schweren Bombentreffern aus, wurde jedoch in den letzten Jahrzehnten großartig renoviert. Seiner Zukunft als Filiale des Bayerischen Archivs oder als Burgenmuseum sollte nichts mehr im Wege stehen.

Die Crailsheimer im Ansbacher Land

In Sommersdorf saßen die Herren von Eyb, ein in Franken, aber besonders im Rangau mächtiges Grafengeschlecht. Als Lehnsleute des Bischofs von Eichstätt errichteten sie um 1400 ein hübsches Wasserschloss mit quadratischem Grundriss. Eine mit Basteien bestückte Zwingermauer umschließt das Schloss, das aus zwei parallelen Wohntrakten besteht.

Seit dem Jahr 1550 besitzt die Familie der Herren von Crailsheim das Objekt und ein Teil des weit verzweigten Geschlechts bewohnt das Schloss immer noch. Die Crailsheimer brachten die Reformation nach Sommersdorf und erweiterten ihren Besitz durch Zukauf und Schenkungen.

Heilsbronn am Fränkischen Jakobsweg

Heilsbronn ist Station auf dem Jakobsweg, der von Hersbruck über Nürnberg nach Rothenburg und weiter ins Schwäbische führt. Verantwortlich dafür ist das frühere Zisterzienserkloster, seit 400 Jahren Geschichte, das die Stadt mit ihren Bauten dominiert. Die einstige Klosterkirche ist untypisch für die Bauweise des Ordens; sie vereint kraftvolle romanische Raumgestaltung mit eleganten gotischen Zu- und Umbauten.

Seine besondere Bedeutung bezieht das Münster jedoch aus der Tatsache, dass die fränkischen Hohenzollern hier in Heilsbronn ihre Grablege erwählten.

Links: Das Wasserschloss Sommersdorf, westlich von Triesdorf, gilt als der Geburtsort des Humanisten und Schriftstellers Albrecht von Eyb (1420 – 1475)
Unten: Das Münster in Heilsbronn mit den Sarkophagen der Hohenzollern.

Geschichten um Wasser und Bier

Wo Hopfenstangen mit Bootsmasten konkurrieren und römisch-keltische Geschichte mit der touristischen Gegenwart eine innige Verbindung eingeht, dort ist mittlerweile sehr gut leben.

Neues Wasser auf Keupersanden

Wenn der Mittelfranke die Badehose einpackt steht ihm der Sinn längst nicht mehr nur nach genormten Freibädern. Natürlich gibt es die auch, nicht zu knapp und als Erlebnisbad daherkommend. Modern müssen sie sein, mit immer höheren und schnelleren Rutschen um dem Besucher den ultimativen Kick zu bieten.

Aber mittlerweile ist den städtischen Bädern in den Seen zwischen Altmühl und Fränkischer Rezat ein Konkurrent erwachsen, der nicht nur die Freizeiter eines näheren Umlands anzieht, sondern der darüber hinaus den ganzen süddeutschen Raum erreicht. Und es sind ja nicht nur die Bademöglichkeiten an sauberen, noch kostenfreien Stränden, es sind auch nicht nur die Segelreviere kleinerer Boote und Surfer, es werden auch Übernachtungsmöglichkeiten auf großzügigen Campingplätzen erster Qualität geboten: eine ganze Infrastruktur entlang der Seenplatte dient dem Tourismus.

Selbst wenn Vergleiche hinken: der Altmühlsee ist mit 450 Hektar fast so groß wie der Königssee, der Rothsee mit 220 Hektar wäre dem Schliersee zuzuordnen, mit 1270 Hektar ist der Brombachsee sogar größer als der Tegernsee.

Auch wenn es so aussieht, als seien Altmühlsee, Igelsbach-Vorsperre, Brombach-

Vor- und Hauptsperre sowie Rothsee Ergebnis bürgernaher Planung, ein Geschenk, wenn auch ein überaus kostspieliges, an eine wirtschaftlich darbende Region, so sind die genannten Seen tatsächlich Teil einer gigantischen Wasserüberleitung.

Wasser für Nordbayern

Der Raum Nordbayern leidet nämlich unter einer massiven Wasserarmut, da seine Mittelgebirge gerade einmal den dritten Teil der Wassermenge erhalten, mit denen die Alpenflüsse den Raum südlich der Donau verwöhnen. Mit gravierenden Folgen: nicht nur, dass in trockenen Sommern manche Dörfer ihr Trinkwasser aus Tankwagen erhalten haben, dass das Brauchwasser für Städte und Industrie

gelegentlich knapp wird, auch die Selbstreinigungskraft der Fließgewässer war stark eingeschränkt. Über den Grundwasseraustausch drangen immer wieder Schadstoffe aus einer intensivierten Landwirtschaft in die Flüsse, die sich auf Grund einer schwachen Wasserführung kaum dagegen wehren konnten.

Nischen für die Natur

Die Schöpfer dieses gewaltigen Bauwerks, Kanal und Seenplatte, verlangten der Landschaft alles ab. Vor der Flutung ausgeweidet, als Sandgrube missbraucht, wurden wertvolle Lebensräume zerstört. Dazu noch die Belastung durch den Verkehr auslösenden Tourismus, das alles fordert Ausgleichsflächen für die Natur, gleichermaßen für die Ökologie der Landschaft mit Klima, Fauna und Flora. Und selbstverständlich auch für den Menschen, für die

Vorherige Seiten: Eine künstliche Landschaft ist entstanden: Die aufgestaute Brombachvorsperre ist ein Teil des neuen Fränkischen Seenlands.
Links: Yachthafen am Brombachsee.
Oben: Neues Paradies für Segler und Surfer, das Wassersportler sogar aus Oberbayern anzieht.
Nachfolgende Seiten: Naturschutzgebiet Vogelinsel im Altmühlsee, Brutstätte und Rückzugsgebiet seltener Wasservögel aus nah und fern.

Bewohner zwischen Gunzenhausen, Spalt und Weißenburg.

Einen Beitrag dazu liefert die Anlage der Vogelinsel im nördlichen Teil des Altmühlsees. Als Brutplatz seltener Vögel, als Rückzugsort für Kleinlebewesen, für Amphibien aller Art ist dieser Teil des Sees der allgemeinen Nutzung entzogen. Lediglich eng definierte Stege und Laufwege, dazu eine Aussichtskanzel für Ornithologen erlauben es dem Besucher das Innere der Insel zu erkunden. Sachkundige Führungen und Informationstafeln liefern Anleitungen zu einem behutsamen Umgang mit der Natur und seinen schutzbedürftigen Vertretern. Surfern und Seglern wird respektvoller Abstand verordnet.

Die Stadt und der Hopfen: Spalt

Wer von der Weißen Flotte auf dem Altmühlsee genug gesehen hat, wer die Wanderung entlang des Überleiters West und Ost über die Wasserscheide hinter sich hat, wer den Strand am Brombachsee ausreichend genossen hat, den zwingen Hunger und Durst vielleicht in eine der zahlreichen Gaststätten im Seengebiet.

Das Städtchen Spalt hat hierbei besonders viel zu bieten. Tief schneidet sich die Fränkische Rezat in den Sandstein des Keuper ein, lässt aber dennoch Raum für ausgedehnte Hopfenflächen. Die bis zu sechs Meter hohen Gerüste der Hopfengärten sind in den Muldentälern ausreichend vor Wind geschützt, erhalten aus dem gleichen Grund ausreichend Wärme, welche neben dem leichten Sandboden ideale Wachstumsbedingungen für die empfindliche Pflanze liefert.

Das Spalter Hopfenland verfügt neben den Gebieten Hallertau, Fränkischer Jura und Hersbrucker Gebirge über die wenigen ausgewiesenen Anbauflächen für Hopfen in Bayern. Im Gegensatz zu diesen allerdings wird um Spalt ein köstlicher Aromahopfen angebaut, dessen Qualität, dessen herber Geschmack weltweit gerühmt wird.

Links: Viel Platz zum Darren des Hopfens boten die mehrstöckigen Hopfenhäuser im Spalter Land. Eines der schönsten: das Mühlreisighaus zwischen Spalt und Wassermungenau.
Unten: Dolden des Spalter Aromahopfens.

Er wird aber auch in den Gasthäusern von Spalt als Spezialität angeboten, als Hopfensprossensalat, wenn Anfang April die ersten Schösslinge durch das Erdreich brechen, eigentlich zu viele für den kommenden Wettlauf zum Licht, entlang der feinen Drahtgespinste.

Ein in Deutschland, und damit wohl auch weltweit einzigartiges Exemplar eines Hopfenhauses ist das Mühlreisighaus am westlichen Ortsrand von Spalt. Über fünf Rüttelsiebe gelangte die wertvolle Frucht nach jedem Trockengang von Stockwerk zu Stockwerk nach unten, um schließlich ihre wertvollen Inhaltsstoffe, das Lupulin freizugeben: eine Winzigkeit für das herbe Bier, eine Messerspitze für beruhigende Heilmittel.

Nichts prägt die fränkische Kulturlandschaft mehr, außer vielleicht den Kirchen, als die alten Häuser, deren Unverwechselbarkeit durch das Baumaterial bedingt wird oder deren Baustile aus wirtschaftlichen Überlegungen heraus notwendig werden. Im Falle der Hopfengegenden sind es die Dachsparren, welche das Vorhandensein von Trockenböden signalisieren. Viele Hopfenhäuser weisen dieses Merkmal auf, auch wenn mittlerweile die moderne Trockentechnik die natürliche Umluft zum Trocknen der Hopfendolden abgelöst hat.

Adelssitze im Landkreis Roth

Im Vorland der südlichen Frankenalb, im Landkreis Roth sind eine ganze Reihe hübscher Burgen und Schlösser versteckt, Relikte aus klösterlichem Besitz oder im Bereich kleinerer und größerer ehemaliger Grundherrschaften. Dazu zählen Burg Abenberg genauso wie Schloss Sandsee bei Pleinfeld.

Links: Schottenturm der Burg Abenberg.
Unten: Schloss Sandsee nahe Pleinfeld: Eine fast durchweg zwölf Meter hohe Ringmauer, die aus dem späten 12. Jahrhundert stammt, umgibt die Anlage.

Bewacht vom Schottenturm: Abenberg

Aus der sehr bedeutenden Burganlage des 11. und 12. Jahrhunderts hat sich bis heute eine weithin sichtbare Wehranlage erhalten, eine der wohl schönsten Burgen Mittelfrankens: Abenberg. Die Hohenzollern, Burggrafen von Nürnberg, erbten um 1200 die Abenberger Besitzungen und bauten eine bereits bestehende Anlage bis zum heutigen Umfang aus.

Schon bald allerdings beherbergte die Burg ein Pflegamt des Bischofs von Eichstätt, in dessen Herrschaft Abenberg bis 1766 verblieb. Es folgen 1796 Verkauf an Preußen-Ansbach, Annexion durch Bayern 1806, und danach eine Reihe von Besitzern, die sich vor allem durch Abbruchmaßnahmen hervortaten. Tatsächlich wirkt der Burghof heute sehr leer und aufgeräumt, eigentlich untypisch für fränkische Burganlagen, die mit Palas und Bergfried zentrale Einrichtungen aufweisen.

Mit ersten Baumaßnahmen durch einen Münchner Kunsthistoriker wurde etwa seit 1875 der Umschwung eingeleitet. Viele historisierende Bauten sind um diese Zeit entstanden, entsprechend einer Vorliebe

der Begüterten, einen eher mittelalterlichen Lebensstil zu pflegen. Der Schottenturm sieht seither aus wie das Nassauer-Haus in Nürnberg, ein kreisförmiges Wasserbecken inmitten des Burghofs ist zwar wieder verschwunden, doch sind bei seinem Bau sicherlich wertvolle baugeschichtliche Reste vernichtet worden.

Die Jugend erobert die Mauern

Die Burg Wernfels oberhalb der Fränkischen Rezat blickt von ihrem Bergsporn weit in das fränkische Keuperbecken. Ihre Anlage geht auf ein Ministerialengeschlecht der Rindsmaul zurück, später eine in Nürnberg wohl bekannte Patrizierfamilie. Der um 1250 errichtete Bau wurde um 1600 zu einem behaglichen Renaissance-Schloss ausgebaut, und etwas von dieser Behaglichkeit strahlt die Burg auch heute noch aus, da sie zu einer gern besuchten Jugendbildungsstätte geworden ist.

Dem Ausbau durch die Eichstätter Bischöfe verdankt die Burg ihr heutiges Aussehen, trägt in sich aber noch die typischen Merkmale früherer Architektur: zwei gotische Torhäuser, den Palas, dessen Nordflanke mit dem trutzigen Wehrcharakter staufischer Baukunst.

Eine Festung droht der Reichsstadt

Auf einem Ausläufer der südlichen Frankenalb ließen sich im 11. Jahrhundert

Links: Die Burg Wernfels, die bereits 1197 urkundlich erwähnt wird, dient heute als Jugendherberge und evangelisches Jugendheim.
Unten: Mit den stattlichen Festungsanlagen der Wülzburg oberhalb von Weißenburg zeigten die Ansbacher Markgrafen den Bürgern der freien Reichsstadt ihre Grenzen.

friedliche Benediktiner nieder, deren Kloster nach der Reformation einem kriegerischen Festungsbau weichen musste. Die Ansbacher Markgrafen ließen sich von den Festungsarchitekten Georg und Blasius Berwart eine hochmoderne fünfeckige Renaissance-Festung errichten, deren einzige Aufgabe darin bestand, den Bürgern Weißenburgs Respekt einzuflößen. Letztendlich triumphierten aber die einst eingeschüchterten Weißenburger – die Stadt Weißenburg ist seit 1882 Besitzer der gesamten Anlage, die heute gut renoviert in weiten Teilen besichtigt werden kann.

Weißenburg und das Römerbad

Die Große Kreisstadt Weißenburg ist eine der Perlen aus der Kette von Orten, die den Verlauf des Limes nachzeichnen. Als vor zweitausend Jahren die Römer einen Schutzwall gegen die ihrer Meinung nach verwilderten Germanen errichteten, schützten sie den mit Wall, Graben und Pfahlzäunen nur sehr unzureichend gesicherten Grenzverlauf in regelmäßigen Abständen mit Kastellen.

So unterstreicht das Castrum Biricianis die Bedeutung als früher Siedlungsplatz mit überragender strategischer Bedeutung: schließlich konnte hier der bequeme Zugang zur Donau durch die südliche Frankenalb beherrscht werden.

Wie so häufig gilt auch für Weißenburg ein Königshof, gelegen wohl nahe der gotischen Andreas-Kirche, als Keimzelle für die künftige reichsfreie Stadt. Auffallend im Stadtgrundriss sind die sich am Rathaus kreuzenden Straßenzüge. Teile der mittelalterlichen Stadtmauer mit dem Wallgraben und dem Seeweiher sind

Links: Einer der bekanntesten und schönsten Stadtzugänge Frankens: das Ellinger Tor in Weißenburg aus dem 14. Jahrhundert, Symbol des Aufstiegs Weißenburgs zur Freien Reichsstadt.

Nachfolgende Seiten: Die Seeweihermauer ist Teil der Stadtbefestigung Weißenburgs.

ebenfalls noch erhalten wie die vielen Fachwerkhäuser.

Mit dem erst 1979 aufgefundenen Römerbad wurde die römische Hinterlassenschaft in den vergangenen Jahren Stück für Stück erforscht, freigelegt und in jüngerer Zeit durch eine aufwändige Überdachung gesichert. Aber das Kastell bei Weißenburg ist neben dem Kastellbad bei Theilenhofen nur ein Steinchen im Mosaik der römischen Kultur im Grenzsaum zu der germanisch-keltischen Bevölkerung.

Ein Briefmarkenmotiv

Die von Süd nach Nordost verlaufende Hauptstraße Weißenburgs verlässt die Stadt über das für seine in Sandstein gehauene Ornamentik berühmte Ellinger Tor, immerhin Motiv für eine der meistverwendeten Dauermarken der Bundes-

post vor der Währungsumstellung und somit bundesweit bekannt.

Und schon wenige Kilometer weiter nördlich erreicht man Ellingen selbst, genannt „Perle des fränkischen Barock". Dieses Prädikat erwarb sich Ellingen durch die Existenz des Deutschordensschlosses, eines mächtigen Dreiflügelbaus, der an seiner nördlichen Seite durch die aus einem gotischen Kern hervorgegangene Kirche begrenzt wird. Das Schloss selbst stammt

aus den Anfängen des 18. Jahrhunderts und folgt in seinem prunkvollen Aussehen den zu der damaligen Zeit üblichen Vorstellungen von herrschaftlichen Sitzen.

Der Deutsche Orden

Die enorme Machtfülle des Ordens im Hoch- und ausgehenden Mittelalter ist aus heutiger Sicht kaum mehr nachzuvollziehen und dokumentiert sich höchstens in den baulichen Überresten, die bis heute erhalten werden konnten. Nach dem Rückzug des Ordens aus den Ostgebieten wurde Bad Mergentheim zum Zentrum auserkoren, aber schon in der nächsten Hierarchiestufe, der Ballei Franken, findet sich Ellingen als Hauptsitz. Danach folgen Stadt- und Landkomtur, beispielsweise in Nürnberg zwischen Elisabethenkirche und Jakobskirche oder in Dinkelsbühl, im anderen Fall Virnsberg mit Schloss und Ordenshaus.

Jeder Ordenssitz war ausgestattet mit reichen Machtbefugnissen und Ländereien, zum Teil innerhalb komplizierter Besitz- und Nutzungssysteme. Heute kann der Orden ohne staatliche Hilfen, Zuschüsse und Steuervergünstigungen kaum mehr überleben und seinen lokal durchaus bedeutenden Verpflichtungen nachkommen.

Links: Römisches Erbe: Die ausgegrabenen Thermen mit einer Überdachung durch den Nürnberger Architekten Wörrlein.
Oben: Teile des „Römerschatzes", zu bewundern im Römermuseum in Weißenburg.

Der Fossa Carolina

Die Geometer Karls des Großen lagen goldrichtig, als sie 793 n. Chr. bei der heutigen Ortschaft Graben den tiefstgelegenen Übergang über die Wasserscheide zwischen dem Main- und damit dem Rheinsystem im Norden und dem Donausystem im Süden ausmachten. Nur wenig ist heute noch übrig von dem kühnen Projekt, dem ersten Versuch, den uralten Traum einer Schiffsverbindung zwischen der Nordsee und dem Schwarzen Meer zu verwirklichen.

Unterhalb einer Burgruine liegt Treuchtlingen und markiert den Beginn des unteren Altmühltals, mit Kastentälern und steilen Jurafelsen. Hier wurde 1574 eine historische Figur aus Schillers „Wallenstein“ geboren, der spätere Feldmarschall Georg Heinrich Graf von Pappenheim.

Dessen Stammburg wiederum stand in dem gleichnamigen Ort flussabwärts. Die romantische Ruine stammt in ihren Einzelteilen aus verschiedenen Jahrhunderten, dabei dokumentieren die beiden vorgeschobenen Rundtürme die verfeinerte Wehrtechnik des 16. Jahrhunderts.

Links: Prunkvolle Eingangsfassade des Ellinger Deutschordensschlosses, der Perle des fränkischen Barocks.
Unten: Das Schloss von „Drutelinga“ gehörte den Herren und Rittern von Treuchtlingen.
Nachfolgende Seiten: Hoch über dem Altmühltal: Die Burg Pappenheim, seit dem Dreißigjährigen Krieg bereits in ruinösem Zustand.

Die Hochfläche der Wasserscheide

Südlich von Weißenburg, auf der Hochfläche der Frankenalb liegen vier Dörfer, Göhren sei hier stellvertretend genannt, die einen Abstecher lohnen: im süddeutschen Raum einzigartige Angerdörfer. Sie sind gekennzeichnet durch einen linsenförmigen Grundriss, dabei umschließen zwei Hauptstraßen eine Fläche, auf der alle gemeinschaftlich genutzten Einrichtungen untergebracht sind, z.B. Kirche, Löschteich, Schafhut.

Dort stehen auch noch einige für die verkarstete Hochfläche typische Bauernhäuser mit ihrer tonnenschweren Last aus Kalkplatten, und deshalb nur schwach geneigten Dachflächen. Die Platten stammen aus den nahen Steinbrüchen, von denen der wie Blätterteig geschichtete Kalk in alle Welt exportiert wird. Ein Eldorado übrigens für Fossiliensammler, die zwischen den Schichten nach Abdrücken von Ammoniten, Belemniten, nach Meeresschnecken und Muscheln der Jurazeit suchen.

Ein Heim für den Urvogel

Es wäre schon vermessen anzunehmen, dass der Hobbyklopfer bei seinen Bemühungen in Solnhofen auf einen weiteren Archaeopteryx stößt, einen Flugsaurier, einen Urvogel aus der Jurazeit. Nach einem weltweiten Streit um seine Echtheit sind seine Abdrücke auch im Eichstätter Juramuseum zu besichtigen. Ein Museum übrigens, das seinesgleichen sucht, mit moderner Präsentationstechnik ausgestattet, und dem es gelingt allen Altersgruppen einen intuitiven Einblick in die abwechslungsreiche geologische Geschichte des Altmühltals zu verschaffen.

Links: Weltberühmte Versteinerung: Der Urvogel Archaeopteryx.
Oben: Aus den Steinbrüchen bei Solnhofen werden die begehrten Kalkplatten gewonnen.

Uralte Siedlungsplätze

Die markanten Höhenzüge, welche den südlichen Rand des weiten Altmühltals bilden, werden von uralten Siedlungsplätzen besetzt. Sueben-Schanzen auf der Gelben Burg und mit dem Hahnenkamm im Rücken die Burg Spielberg beherrschen die Talniederung. Eine Seitenlinie des Öttinger Grafengeschlechts residierte hier, heute verbinden sich kulinarische Erlebnisse, Kunstobjekte und Freilichtbühnen zu einem besonders interessanten Szenario.

Ein Fluss im fremden Bett

Ruhig und beschaulich erlebt der Reisende heute das Land um die Europäische Hauptwasserscheide zwischen Treuchtlingen und Pappenheim. Geologisch gesehen allerdings stellte diese Landschaft seit Millionen von Jahren eine ausgesprochene Kampfzone dar. Die beiden Rezats und die Altmühl spielen dabei eine Hauptrolle.

Der Main, der bekanntermaßen bei Bamberg nach Nordwesten abbiegt und über Schweinfurt und Würzburg dem Rhein zustrebt, hatte einen Vorgänger, den Ur-Main. Und der dachte gar nicht daran, bei Bamberg abzubiegen: er benutzte das heutige Becken der Rednitz um schnurstracks nach Süden zu fließen, durchbrach die heutige Talwasserscheide, in der Karl der Große seinen Fossa Carolina bauen ließ, und mündete schließlich bei Solnhofen in einen mächtigen Fluss, der Richtung Eichstätt, Beilngries und Kelheim ein gewaltiges Tal ausgeschürft hat.

Ein sehr früher Lauf der Donau, der sich durch das Wellheimer Trockental zur heutigen Altmühl gefressen hat, war verantwortlich für eine Talweite, die für die kärglichen Wasser einer Altmühl viel zu groß dimensioniert wäre. Die Ur-Donau war es auch, die mit ihrer Erosionskraft die herrlichen Riffkalke aus dem Ablagerungs-

schutt der jurazeitlichen Meeressedimente befreit hat.

Technische Herausforderungen

Die Überleitung von Wasser für den nordbayerischen Raum kann über die Seenkette von Altmühlsee bis Brombachsperre nicht alleine geleistet werden. Lediglich ein Fünftel der beabsichtigten Wassermenge könnte in Zeiten des Spitzenbedarfs über die Schwäbische Rezat und weiter über die Rednitz nach Norden abgeführt werden. Die Hauptlast der Überleitung muss der Neue Kanal bewerkstelligen.

Von Dietfurt aus der Altmühl, von Kelheim aus der Donau wird südbayerisches Wasser mittels gewaltiger Schleusen über die Europäische Hauptwasserscheide zwischen Donau und Rhein nach Norden gepumpt. Dass dabei gleichzeitig eine der größten Schifffahrtsstraßen Deutschlands mit entstanden ist, kann in einem unter Bevölkerungsverlust und wirtschaftlichen Schwierigkeiten leidenden Raum nur von Vorteil sein.

Und so funktioniert der Wassertransport: von Dietfurt über Ottmaringer und Sulztal hoch zur Scheitelhaltung nördlich Hilpoltstein erreicht das Wasser den Speicherraum Rothsee, ein mittlerweile sehr

Links und oben: Ernst Steinacker, Bildhauer und Maler, lebt und wirkt auf dem Schloss Spielberg südlich von Gunzenhausen.
Nachfolgende Seiten: Raureif-Impression im Altmühltal.

gut angenommenes Freizeitrevier für Badegäste und Surfer.

Schwankender Wasserstand

Dabei ist es nicht ganz ungefährlich in der Nähe des Auslasses am Kanal zu baden. Der Sog des Wasserstroms unter dem Kanal hin zur Kleinen Roth und weiter zur Rednitz kann gewaltig sein. Der Wasserspiegel des Rothsees ist deswegen ständig von umfangreichen Schwankungen betroffen.

Ein sich ständig änderndes Wasserangebot war auch in der Vergangenheit ein Kennzeichen des Altmühltals. Oft genug überfluteten Hochwasser die intensiv genutzte Talaue. Abgeschwemmte Bodenkrume, vernichtete Aussaat und Ernten, unzuverlässige Grundstücksgrenzen und Bodennässe waren die unausweichliche Folge.

Und wenn es vor der Entstehung des Altmühlsees das Zuviel an Wasser war, das die Bauern des mittleren Altmühltals plagte, so ist es jetzt nach der Wasserentnahme aus dem Oberlauf die Mangelsituation. Absinkendes Grundwasser lässt die Vegetation verarmen, die ersten Populationen von Kleinlebewesen sind schon verschwunden.

Rechts: *Die Zwölf Apostel, Kalkriffe, Reste eines jurazeitlichen Urmeeres im Altmühltal östlich von Solnhofen.*

Wo Mittelalter und Gegenwart sich vereinen

Zusammen mit der Einbettung in die Landschaft haben die ehemaligen Reichsstädte ihren mittelalterlichen Charakter bewahrt und gehören schon seit langem zu den Top-Adressen deutscher Reiseziele.

GASTHOF

‚La Isla'

Perlen an der Romantischen Straße

Die „Romantische Straße“ führt von Würzburg über Rothenburg, Feuchtwangen, Dinkelsbühl, Nördlingen und Augsburg weiter nach Füssen. Sie folgt dabei weitgehend von der Natur vorgezeichneten Leitlinien auf den Hochflächen des Muschelkalks und, im Raum Mittelfranken, entlang des Anstiegs zur Frankenhöhe. Gleichzeitig wird durch das genannte Städteband deutlich, dass es sich bei dieser Verbindung um eine der wichtigsten Nord-Süd-Verbindungen nicht nur des Mittelalters handelt.

Kein Wunder also, dass sich entlang dieses Verkehrsweges eine Anzahl von dominierenden Städten entwickelte, die sich in der Blütezeit der Stadtentwicklung des 13./14. Jahrhunderts bis zum Status der Reichsstadt emporgearbeitet hatten.

Dem Besucher der „Romantischen Straße“ wird durch den Begriff allerdings eine Erwartungshaltung nahe gelegt, die nur schwer zu erfüllen ist. Dem einzigartigen Einklang aus Stadtsilhouette und abwechslungsreich kupierter Landschaft steht häufig ein problembelasteter Siedlungsraum gegenüber, der schwer an wirtschaftlichen und infrastrukturellen Nachteilen leidet, gerade hier in Westmittelfranken. Und so erscheint es durchaus gerechtfertigt, wenn

Seiten 120/121: *Das einmalige mittelalterliche Panorama Rothenburgs über dem Taubertal, von Westen gesehen.*
Vorherige Seiten: *Eine der vielen romantischen Ecken in der Rothenburger Altstadt: das Plönlein.*
Unten: *Stille Nacht an der Gerlach-Schmiede in Rothenburg.*
Rechts: *Markusturm mit Röderbogen, ein Teil der zweiten Stadtummauerung.*
Nachfolgende Seiten: *Das Rathaus am Marktplatz in Rothenburg, in den Augen vieler Touristen Inbegriff deutscher Romantik.*

IEN-APOTHEKE

die Städte versuchen über verstärkte Anstrengungen im Tourismusbereich wirtschaftlichen Anschluss zu finden.

Rothenburg ob der Tauber

Rothenburg zumindest wird dem Anspruch an Romantik voll und ganz gerecht. Der Blick von Westen auf die Turm- und Dachlandschaft der Stadt mit dem Akzent des Steilabfalls zum tief eingeschnittenen Taubergrund hat sogar schon zum Vergleich mit einer Ansicht Jerusalems angeregt.

Einem frühen Burgbau der Grafen vom Kochergau folgte in der Zeit der Staufer ein erster Ausbau zur Stadt. Rothenburg war dabei ein Mosaikstein in der Territorialpolitik innerhalb Süddeutschlands, ein begehrtes Objekt aller auf staufische Macht folgender Herrscherhäuser. Dem Zugriff benachbarter Landesherren wurde die Stadt erst durch den Freiheitsbrief seitens Rudolf von Habsburg entzogen, der gleichzeitig Treue und Dienstleistungen für das Reich einforderte.

Wie in den meisten Reichsstädten entwickelte sich aus den Ministerialen, den hohen Beamten des Reiches, die kleine Gruppe herrschender Familien, später Patrizier genannt. Mit dem Erstarken des Bürger- und Handwerkertums wurde der Rat der Stadt erweitert. Durch geschicktes Taktieren gelang es Rothenburg eine enorme territoriale Hausmacht um die eigentliche Befestigung zu errichten. Dies war umso wichtiger, da die Böden der Umgebung sehr ertragreich waren und die Bauern nahe der Stadt durch Landwirtschaft sehr wohl ein kleines Vermögen erwerben konnten.

Der große Sohn der Stadt

Aus deren Reihen stammte der wohl bedeutendste Mann der Stadt, Heinrich Toppler, der als Bürgermeister in der bewegten Zeit vor und nach 1400 die Geschicke der Stadt lenkte, ohne allerdings seine eigenen Interessen zu vernachlässigen. Durch Einheiratung und wohl überlegte Verheiratung seiner Kinder mit einflussreichen Familien aus Nürnberg, Nördlingen und Dinkelsbühl festigte er seine Macht und stieg schließlich zum Feldhauptmann des Schwäbischen Bundes, einer gegen die Landesfürsten gerichteten Vereinigung, auf.

Nach dem gewaltsamen Tod Heinrich Topplers 1408 und der Entmachtung seiner Nachkommen etablierte sich in Rothenburg eine Stadtregierung aus Patriziern und Zunftvertretern. Dieser wachsende Einfluss der Bürger und Handwerker auf die Entwicklung der Stadt konnte bis in die jüngere Geschichte hinein zur Bewahrung des einmaligen Stadtbildes beitragen.

Die Stadt wächst

Die vom 13. bis zum 16. Jahrhundert erfolgte Ausdehnung der Stadt kann an den noch bestehenden Türmen sowie am Ver-

Oben: Klosterküche aus dem 13./14. Jahrhundert des ehemaligen Dominikanerinnen-Klosters im heutigen Reichsstadt-Museum.

lauf der Gassen unmittelbar nachvollzogen werden. Weißer Turm und Markusturm stehen für einen ersten Bering, Spital-, Röder- und Würzburger Tor für den zweiten Stadtmauerverlauf im Osten, der auf dem Bergsporn nach Süden mit Spital und Bastion ausgreifende Teil für die letzte mittelalterliche Stadterweiterung.

Die herrliche Lage der Stadt, die hübschen Bürgerhäuser neben den sakralen Bauten der Kirchen und Klöster beeindruckten zu Beginn des 19. Jahrhunderts Künstler und Literaten gleichermaßen. Kaum einer, der sich der Faszination des Gesamtkunstwerks Rothenburg entziehen konnte. Dies hat auch wesentlich das Verhalten der Bürger zu ihrer Stadt geprägt.

Zwar zogen mit dem Ende der Reichsstadtzeit viele einflussreiche Familien weg, doch der Stolz auf ihre Stadt blieb den Bewohnern treu. Alle Namen von Gassen und Einrichtungen in der Altstadt erinnern an die glorreiche Vergangenheit, und auch die Neubauviertel rund um den noch vollständig erhaltenen Mauerring halten respektvollen Abstand zum mittelalterlichen Kern.

Die Liebe zur Stadt zahlt sich aus

Und mit diesem Pfund muss auch gehörig gewuchert werden, denn durch die Grenzziehung zu Württemberg wurde die Stadt ihres Landgebiets im Westen beraubt, und auch Arbeitsplätze waren von einer wohlwollenden Subventionspolitik abhängig.

Der Fremdenverkehr aber boomt ungebrochen: Rothenburg ob der Tauber, ein Muss für jeden Überseetouristen inner-

Links: *Barockfigur im Burggarten Rothenburg.*
Oben: *Das mächtige Burgtor, höchster und ältester Torturm mit Vorwerk.*
Nachfolgende Seiten: *Abendmahlsszene des Heilig-Blut-Altars von Tilman Riemenschneider in St. Jakob, der Stadtpfarrkirche Rothenburgs.*

halb seines Deutschlandbesuchs, der Inbegriff für ein romantisches Deutschland. Weihnachtsschmuck das ganze Jahr über, klickende Fotoapparate, registrierte Verbrauchsspitzen des Nachts um ein Uhr, wenn Asiaten noch einmal baden wollen, besuchenswerte Museen, Gedränge auf den engen Gassen: das Kaleidoskop der Eindrücke ließe sich noch beliebig verlängern. Aber trotz allem ist die Innenstadt noch in der Hand der Einheimischen, ist lebendig in seinem selbst gesteckten Rahmen.

Besonders jährlich an Pfingsten lebt reichsstädtisches Leben wieder auf, wenn die Rothenburger in einem Historienspiel der Geschehnisse im 30-jährigen Krieg gedenken. Nach einer Legende des Glasermeisters und Dichters Adam Hörber rettete der damalige Altbürgermeister Nusch im Jahr 1631 die Stadt vor der Zerstörung, indem er vor den Augen Graf Tillys einen Humpen mit 13 Schoppen Wein leerte.

Gerüchten zufolge sollen das ganze Jahr über in den verschiedensten Gasthäusern trinkfeste Überseetouristen diesem hochlobenswerten Beispiel nacheifern. Und tatsächlich: die Stadt steht immer noch ... Und sie weist ihre Standfestigkeit stets aufs Neue nach, wenn in Historienspielen und Feuerwerken Böller und Leuchtraketen die alten Mauern beben lassen.

Die Hohenloher auf Schillingsfürst

Von den vier raumprägenden Flüssen Westmittelfrankens, deren Quellen nur wenige Kilometer auseinander liegen, ist die südlichste die Wörnitz. In ihrem Oberlauf wird sie seit einigen Jahren begleitet von der Autobahn Würzburg – Ulm, dort einen ähnlichen Verlauf nehmend wie die Romantische Straße zwischen Rothenburg o. d. T. und Nördlingen.

Unweit des Autobahnkreuzes Feuchtwangen und nördlich der Wörnitzquelle liegt der Ort Schillingsfürst, zu Fuße eines Bergsporns der Frankenhöhe, der wiederum ein Barockschloss trägt. Bis hierher reichte der Arm der Herrschaft Hohenlohe, welche 1724 den dreiflügeligen Bau errichten ließ. Vertikal durchlaufende Pilaster gliedern die Gebäude, im Mittelflügel verlaufen sie über dem Portal zu einem halbrunden Giebel.

Stuckdecken und Vertäfelungen sowie ausladende Treppen und Prunkgemächer bereichern das Innere, Figuren der Jahreszeiten schmücken den Park. Die Besonderheit des Schlosses aber ist sein nur wenige Meter entfernter Wasserturm, der ein einzigartiges Pumpsystem beherbergt.

Auf einer zentral gelagerten, schwach geneigten Holzscheibe hatte ein Ochse die undankbare Aufgabe ständig bergauf zu trotten, um durch die sich drehende Achse das im Schloss benötigte Wasser aus einem tief gelegenen Brunnen heraufzupumpen.

Das Schloss nimmt die Stellung einer Burganlage aus dem 12. Jahrhundert ein, die im Dreißigjährigen Krieg zerstört worden war. Eine Bogenbrücke überspannt den alten Graben und vermittelt den Übergang zum Schloss. Ein besonderer Touristenmagnet sind die Vorführungen der Falkner, die mit ihren Raubvögeln in der fürstlichen Anlage ein ausgezeichnetes Trainingsgelände vorfinden.

Im Ort Schillingsfürst hält sich noch hartnäckig eine Sprachoase des „Rotwelschen", Umgangssprache von Schaustellern und Fieranten, anderem fahrenden Volk, Begleiterscheinungen ehemaliger fürstlicher

Oben: Schloss Schillingsfürst, heute eine großzügige barocke Anlage, ist seit 1313 in Besitz der Grafen von Hohenlohe.

Hofhaltung. Die Zinken und Geheimbezeichnungen, für Eingeweihte gut lesbar, entschlüsseln dem Sprachforscher eine ganz eigene Welt.

Vielfältige Fluren

Die für Mittelfranken so typische Vielfalt offenbart sich in besonderer Weise in der Feldflur. Wenn anderswo die bundesweite Flurbereinigung für die Verarmung und den Kahlschlag in der Landschaft verantwortlich gemacht werden, so hat die Ansbacher Regierung mit behutsamer Flächenumlegung, angemessenem Ausbau von Wegen und Entwässerungsgräben, mit der Erhaltung von Ackerrainen und Heckenstreifen die bunte Vielfalt in der Flur bewahrt.

Auch die Dorferneuerung hat in Westmittelfranken in besonderer Weise gegriffen: Erhöhung der Lebensqualität in den ländlichen Siedlungen durch einfache, aber wirksame Baumaßnahmen, Abschrägung von Gehsteigkanten, Ringwege für den landwirtschaftlichen Verkehr, die Liste ließe sich beliebig verlängern. Häslabronn und Lehrberg sind schöne Beispiele für die Absichten der Planer.

Feuchtwangen: die Stadt der Kreuzgangspiele

Ganz anders als in Rothenburg verlief die Entwicklung der früheren Reichsstadt Feuchtwangen. Aus der Keimzelle eines Klosters hervorgegangen erhielt die Stadt ihren Status im 13. Jahrhundert, doch erst um 1395 war eine Ummauerung abgeschlossen. Nur eines, das Obertor, von ehemals drei Toren ist noch erhalten.

Das Stadtbild ist geprägt durch zahlreiche Fachwerkhäuser, das ungleiche Turmpaar der Stiftskirche nördlich des Marktplatzes und die Reste eines früheren Benediktinerklosters, später zum Stift umgewandelt. Der romanische Kreuzgang mit seinen aufgesetzten Fachwerken ist nicht nur touristischer Anziehungspunkt, sondern bildet auch die Kulisse für die weithin berühmten Kreuzgangfestspiele.

Feuchtwangen wandelt sich, nicht zuletzt auf Grund seiner günstigen Verkehrslage in der Nähe der Autobahnen Nürnberg-

Links: Der spätromanische Kreuzgang mit Klostergarten bildet den romantischen Rahmen für die alljährlich stattfindenden Festspiele in Feuchtwangen.
Oben: Die Stiftskirche ist Teil des ehemaligen Klosterbezirks.

Heilbronn und Würzburg-Ulm zu einem attraktiven Dienstleistungsstandort für eine nähere und weitere Umgebung. Dazu trägt auch die in jüngerer Zeit errichtete Spielbank bei.

Dingold, nicht Dinkel

Schön wäre es schon, wenn Dinkelsbühl tatsächlich, wie auf dem Stadtwappen zu sehen, seinen Namen vom Dinkel auf dem Hügel, dem Bühel entlehnt hätte. Die Wissenschaft aber will es anders: als „Tinkelspuhel" um 1188 erstmalig erwähnt in einer Urkunde Friedrich Barbarossas, geht der Name wohl auf einen Dingolf oder Dingold aus dem fränkisch-schwäbischen Grenzraum zurück.

In mehrerlei Hinsicht nimmt die Stadt Dinkelsbühl unter den fränkischen Reichsstädten eine Sonderstellung ein. Den Status der Reichsfreiheit erhielt die Stadt nicht per Dekret, nicht als Absicherung wirtschaftlicher Einkünfte des Kaisers, nicht als Schutz einer Münzstätte, sondern aus dem Bestreben seiner Bürger sich durch eigene Leistung aus den Rechten und Abgabezwängen durch den Adel freizukaufen. Allerdings schützte auch noch so großes Engagement der Bürger nicht vor einer Serie von Verpfändungen und erneuten Freikäufen.

Und anders als die übrigen Reichsstädte ging der Übergang zur Reformation keineswegs reibungslos vonstatten. Zerstrittenheit der Parteien war die Regel und die Besetzung des Magistrats wechselte ständig entsprechend der gerade geltenden Konfession.

Aber gerade in diese Zeit, späte Mitte des 16. Jahrhunderts, fällt die Errichtung des wohl schönsten Dinkelsbühler Bauwerks, auf Grund seiner perfekten Proportionalität und seines Figurenreichtums als das schönste Fachwerkhaus Süddeutschlands bezeichnet, das Deutsche Haus. Dieses

selbst steht in einem Ensemble weiterer Renaissancebauten, umgebauter, mit neuen Funktionen (Gasthaus, Kornkammer, Schranne) versehener Häuser, darunter der Hezelhof, die Leistungen der Stadt und ihrer Bürger dokumentierend.

Zehn Tage lang im Juli feiert die Stadt die Kinderzeche, ein anrührendes Schauspiel zur Erinnerung an die schaurigen Geschehnisse im Dreißigjährigen Krieg, eine Parabel über die glückliche Wendung der Geschicke durch frommen Sinn und Gottvertrauen. Im Telegrammstil: Schweden belagern Stadt, nach Öffnung des Wörnitztores ziehen die blutrünstigen Schweden

Links: Die gotische Stadtpfarrkirche St. Georg mit den hochragenden Kreuzrippengewölben.
Unten: Die einmalige Dinkelsbühler Altstadtkulisse an der Wörnitz.
Nachfolgende Seiten: Der Hezelhof mit seinen kunstvollen Holzgalerien aus dem 17. Jahrhundert hat den schönsten Innenhof Dinkelsbühls.

Oben: Szene aus der alljährlich aufgeführten „Kinderzeche": Die Kinderlore führt die Kinder Dinkelsbühls den schwedischen Belagerern der Stadt entgegen.
Unten: Vorbeimarsch der Soldaten am Weinmarkt vor der Schranne während der „Kinderzeche".
Rechts: Das Deutsche Haus mit seinen reich verzierten Schnitzereien ist einer der schönsten Fachwerkbauten Frankens.

ein, die Kinderlore zieht ihnen mit einer Gruppe von Kindern entgegen und bittet um Gnade, gerührter Feldherr verschont die Stadt. Das 1897 vom Münchner Hofrat Ludwig Stark verfasste Festspiel zieht alljährlich Tausende von Besuchern in seinen Bann.

Aus der Romantik in die Moderne

Hinwendung zur Vergangenheit und gleichzeitig mit beiden Füßen in der Gegenwart: Mittelfranken steckt voller scheinbar unauflöslicher Gegensätze. Die Mischung macht's, der Mittelfranke ist in keiner Hinsicht reinrassig, sozusagen eine höhere Form von Promenadenmischung. Die zentrale Lage im geographischen Zentrum Europas lässt alle Einflüsse zu und hat in der Geschichte in seiner Gelenkfunktion die Handelsströme an sich gezogen.

Besitzverhältnisse existierten nebeneinander und durchdringen sich gegenseitig auch heute noch. Fachwerk und Sandstein sind die markanten Kennzeichen mittelfränkischen Hausbaus, eine Reakti-

on auf das unterschiedliche geologische Angebot an Naturstein im Schichtstufenland. Die Liste an Widersprüchlichkeiten und Varianten ist lang.

Die gleiche Vielfalt spiegelt sich in der Wahl der Partnerstädte und -regionen wider. Ein reger Austausch mit dem Departement Limousin am Rande des französischen Zentralmassivs findet auf allen Ebenen politischer, wirtschaftlicher und sozialer Gruppierungen statt, ein weiterer Mosaikstein, ein weiteres Element des mittelfränkischen Fleckerlteppichs.

Nachfolgende Seite: *Die Türme der noch vollständig erhaltenen westlichen Stadtmauer Dinkelsbühls.*